白村江

古代日本の朝鮮半島支配とその終焉

大平 裕
公益財団法人大平正芳記念財団理事

白村江

古代日本の朝鮮半島支配とその終焉——目次

第四章 百済最後の王、義慈王
――取り返しのつかない戦略ミス

第五章

白村江の戦い(一)
――百済再興に賭けた人々

第六章

白村江の戦い(二)
――その後の倭国

第七章
任那日本府の実像
――日本府という名称は新羅王が使った

序章
朝鮮半島に足跡を残していた倭国

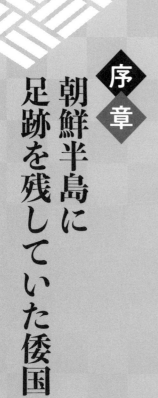

戦争が繰り広げられていた朝鮮半島

倭国が『三国志魏書倭人伝』（以下『魏志倭人伝』）に、いわゆる「邪馬台国」（ヤマト「邪馬堆《と》」）として登場してくるのは、西暦二三〇～二五〇年頃のことです。その頃朝鮮半島の西南部は馬韓《ばかん》と呼ばれ、五十四カ国に分かれ、漢江中流に位置する伯済《はくさい》がようやく近隣諸国をまとめつつありました。そして東南部は辰韓《しんかん》十二カ国が斯盧《しら》を中心にまとまりつつ、最後に弁韓《べんかん》十二カ国が任那《みまな》とも呼ばれ、倭国の居留民を交えながら共立していました。

新羅《しらぎ》の建国は、伝説上は紀元前五七年となっていますが、建国以来倭国とは親密な友好関係が続いていたわけではありません。これは百済《くだら》との関係を考えると、全く対照的な関係でした。事実、『三国史記』新羅本紀には、三〇〇―四〇〇年代で七回にわたって倭国の侵攻を受け、特にそのうちの四回は首都である金城《きんじょう》（月城《げつじょう》）を占領、包囲されていたのでした。その間『日本書紀』は、唯一神功《じんぐう》皇后による新羅征討を伝えるのみで、のちに白村江《はくすきのえ》の戦いまで、特筆する事件はありませんでした。この間、北方の高句麗《こうくり》は北魏《ほくぎ》の圧力により南下を余儀なくされ、四〇〇年前後は、十五年間にわたり高句麗と新羅対百済と

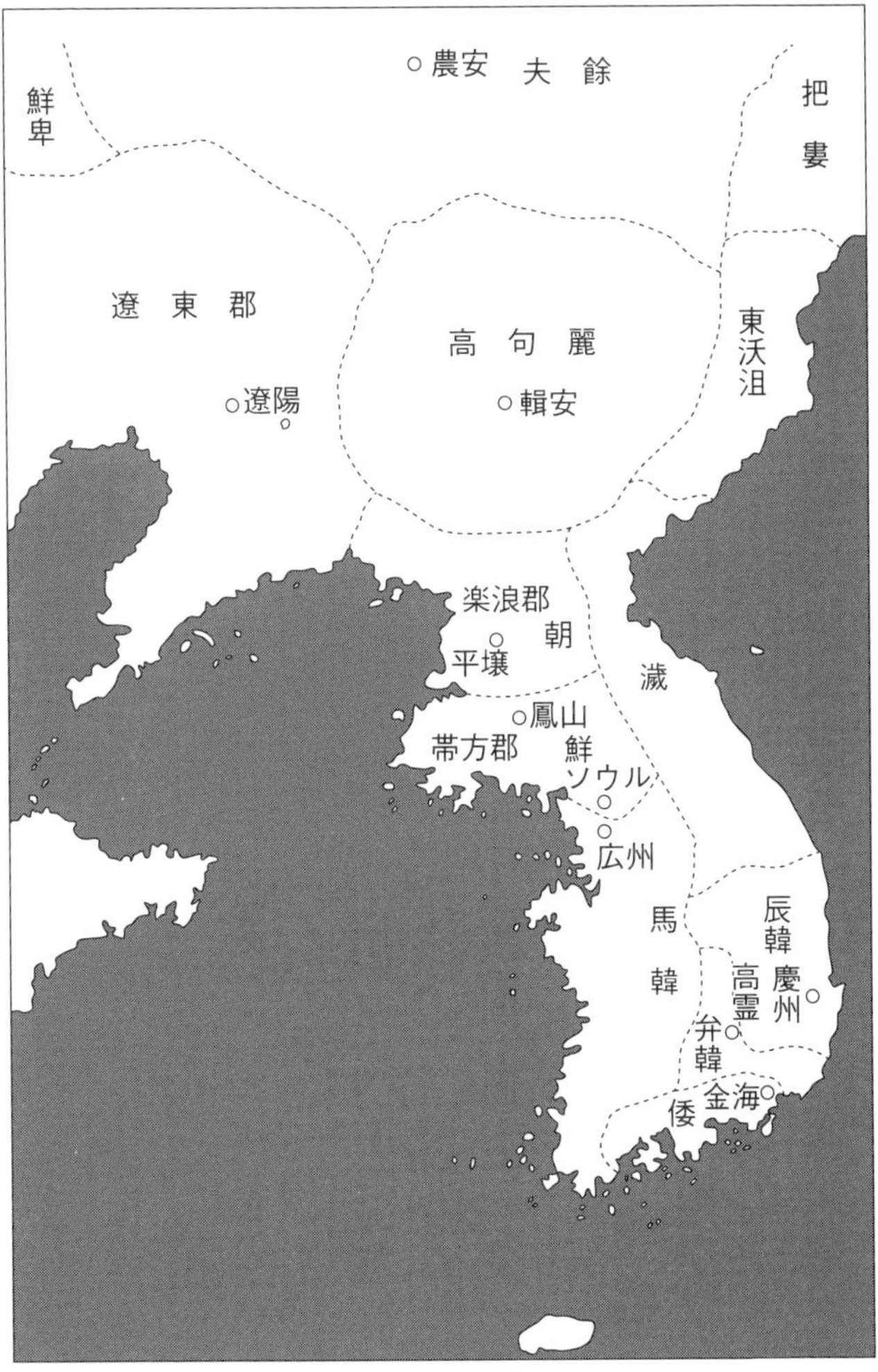

『三国志』東夷伝による諸民族の地理的位置
井上秀雄他訳注『東アジア民族史1　正史東夷伝』(平凡社東洋文庫)
を参考に作成

倭国の、四カ国による長期にわたる戦争が繰り広げられたのでした。

ここで注目されるのは、中国吉林省集安市にある高句麗第十九代広開土王を顕彰するために建てられた「広開土王碑」に、「倭が、辛卯の年に海を渡って来て百済を破り〔更に〕新羅を〔討ち〕両者を臣民となすようになった」「倭は無法にも帯方界に侵入し、〔百済と和通して〕石城に至り」などと刻まれているように、対戦相手は倭国が主で、百済が従という関係になっていることです。

一方、この戦いで新羅は高句麗の傘下《さんか》で戦ったものの、その後は長らく高句麗の半ば植民地に甘んずることになりました。ところで、この十五年戦争での勝敗はどうなったのでしょうか。『日本書紀』は、仁徳《にんとく》十二年（四〇八）高句麗からの使節団が倭国を訪れ、倭国側が大歓迎をしたことを伝えています。四〇八年といいますと、「広開土王碑」には、四〇七年に倭との最後の戦いが刻まれていますので、この四〇八年で倭国と高句麗との間で何らかの講和が成立したためと考えられます。そして、使節団は、難波から平壌へ渡ったのではなく、高句麗から倭国へやってきたのですから、勝敗は五分五分、あるいは倭国六分、高句麗四分ではなかったのではないでしょうか。

その後も高句麗、百済、新羅の三国間では国境をめぐって争いが絶えず、百済は一時的に高句麗の副都平壌にまで攻め入っています。一方高句麗は、四二五年に平壌を副都として南下政策を続け、四七五年には百済の首都漢城攻略に成功し、百済は南下を余儀なくされ、熊津《ゆうしん》（公州）を都とするに至っています。新羅はといいますと、百済が五十余年におよぶ高句麗との戦いで疲弊《ひへい》し、王都漢城が陥落、熊津（公州）へ後退したこと、倭国からの四〇〇年代から一〇〇年間にわたって続いた侵攻がようやく終息したこと、さらに朝鮮半島東海岸をしばしば南下してきた靺鞨《まっかつ》の脅威《きょうい》が除かれたことなどによって、ようやく国内体制の整備に力を入れることができるようになりました。そこで、五〇三年、国名を正式に新羅とし、五三六年には初めて独自の年号を用い、建元《けんげん》元年としたのでした。さらに、金官国王の降服を受け入れ、五五四年には忠清北道沃川郡に侵攻してきた百済第二十六代聖王（在位五二三―五五四）を奇襲、殺害し、領土を漢城方面まで拡大しています。これまで新羅の侵攻から任那・加羅を守ろうと倭国と協力して

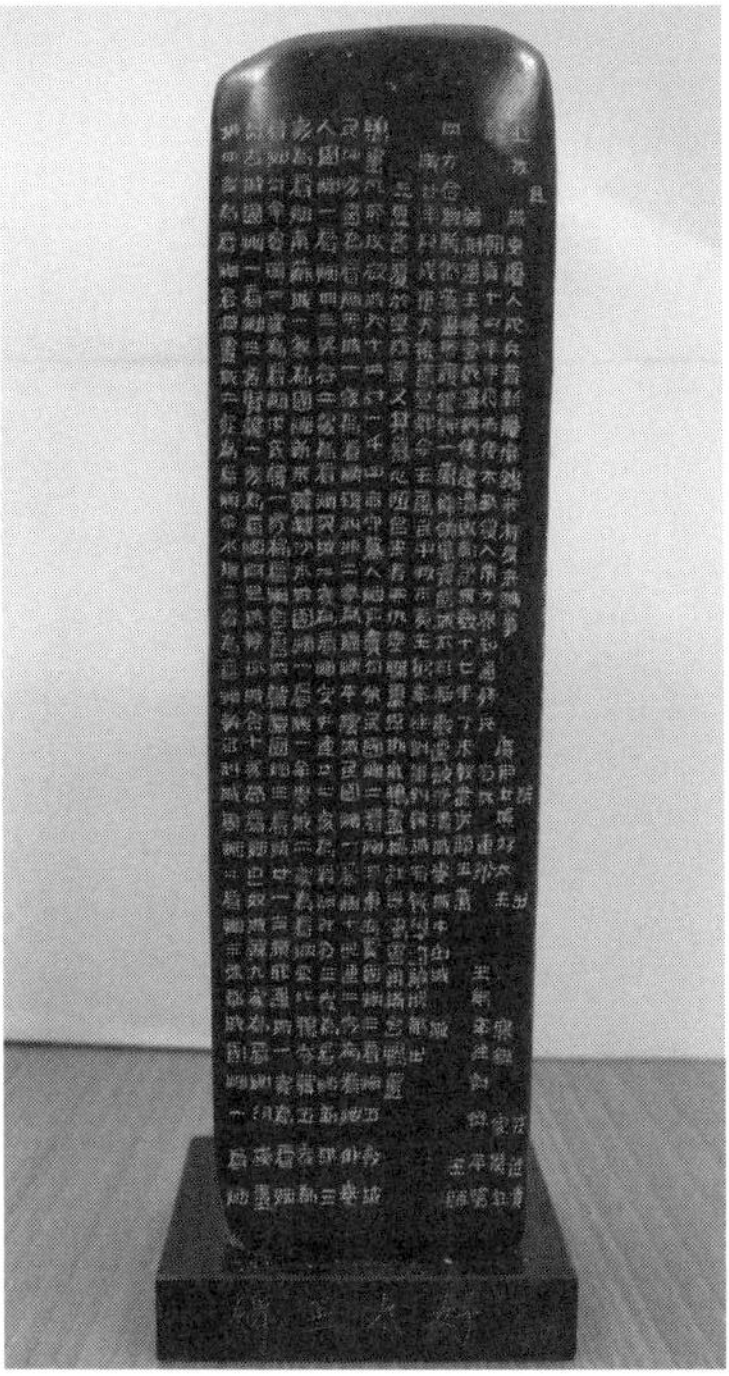
広開土王碑（集安で買い求めたレプリカ）

きた聖王の戦死の報《しら》せを受け、倭国はなすすべを失ってしまったのでした。

その後も高句麗、百済、新羅は三つ巴《どもえ》の戦いを繰り返し、左の表からも分かるように、新羅は高句麗と百済から再三攻撃を受け、これに耐えられなくなった新羅は、唐にその窮状を訴え派兵を要請するに至ったのでした。困り果てた唐の皇帝は百済に「神勅《しんちょく》」を与え、新羅侵攻を中止するように諫《いさ》めたのですが、百済が聞き入れなかったので、新羅の要請に応えて、唐は百済討伐を決行、六六〇年に百済は新羅と唐によって滅亡してしまったのです。

しかし、百済内部では、百済復興の狼煙《のろし》が全土にあがり、新羅への戦いが各地で広がる

新羅を中心に見た三国の敵対関係

年	高句麗	新羅	百済
602		← 侵入	（百済より）
603	侵入 →		
605		出兵 →	→
608		隋へ上表文	
	→	←	
	→	←	
611		隋へ上表文	
		←	（百済より）
616		←	（百済より）
618		← 交戦 →	
624		←	（百済より）
626		唐へ上表文 唐より冊命	
		←	（百済より）
627		←	（百済より）
628		←	（百済より）
629	←	（新羅より）	
638	←	→	
642		←	（百済より）
	→	←	（百済より）
643		唐へ急使 唐へ上表文	
644	(唐より警告)	（新羅より）	→
〃	唐一次遠征	←	（百済より）
645	←	（新羅より） ←	→
〃	唐二次遠征		
646		←	（百済より）
647	唐李勣遠征	←	（百済より）
648		←	（百済より）
649		新羅唐服採用	
		←	（百済より）
655	→	←	（百済より）
		唐へ救援要請	
		←	（百済より）
659	唐薛仁貴 高句麗攻撃		
		唐へ出兵要請	唐将蘇定方
660			百済攻略
663			百済滅亡 (白村江の戦)
666	唐李勣 二次遠征		
668	唐李勣三次遠征 高句麗滅亡		

中、遺臣《いしん》の鬼室福信《きしつふくしん》が倭国へ来倭、援軍の派遣と倭国に人質となっている義慈王《ぎじ》（在位六四一―六六〇）の王子余豊璋《よほうしょう》の帰国を要請したのでした。そこで倭国は豊璋に軍勢をつけて本国へ帰還させ、百済復興に参戦することに至ったのです。最終的には、白村江では待ちうけていた唐の陸海軍に戦いを挑んだものの大敗を喫し、以後倭国は朝鮮半島から撤退《てったい》することになったのでした。

その後、倭国は唐の来襲に備えて西海道《さいかいどう》各所に城を新たに築き、また整備・補修を行う一方、大宰府《だざいふ》近辺に水城《みずき》を設置するなどを行っています。さらに都を飛鳥《あすか》から大津に移すとともに、唐との交渉を重ね、関係改善への努力などをしています。ところが、白村江の戦いの後、新羅を属国にと考えていた唐の思惑《おもわく》は外《はず》れ、新羅が独立を目指したことで両国の軋轢《あつれき》が強まり、最終的に六七六年、唐は新羅から手を引くこととなり、朝鮮半島には戦いのない日々が戻り、以後、新羅は朝鮮半島のほぼ八〇パーセントを支配するに至ったのです。

第一章 倭国と新羅の関係(一)

——倭国の新羅への軍事介入

昔于老事件

『三国史記』新羅本紀の沾解《てんかい》尼師今《にしきん》三年（二四九）四月の条には、「倭人が舒弗邯の于老《うろう》を殺した」という記事があります。この記事に関して注には、「于老伝承は列伝五昔于老伝に詳しくみえる」とあり、「列伝」第五には、この事件について次のような記事が記載されています。

　沾解《てんかい》王（第一二代。在位二四七―二六一）が王位にある時、かつてわが国に服属していた沙梁伐国《さりょうばつ》（慶北尚州郡）が、突然背《そむ》いて百済《ひゃくさい》に帰順した。〔そこで〕于老は兵を率いて討ち、滅ぼしてしまった。七年（二五三）癸酉、倭国の使臣葛那古《かつなこ》が、〔客〕館に居る〔時〕、于老が接待した。〔于老は〕客に戯れて、

　早晩、そなたの国の王を塩奴（潮汲み人夫）にし、王妃を炊事婦にしよう。

と言った。倭王はこの言を聞いて怒り、将軍于道朱君を遣わして、わが国を討った。大王は出て柚《ゆう》村にすんでいたが、于老は、

　この度の患《わざわ》いは私が言葉を慎まなかったことが原因です。私がその〔折衝に〕当た

りましょう。

と言って、倭軍〔の陣営に〕行き、

前日の言は戯れに言ったまでのことです。軍を興してこのようにまでなるとは、思ってもみませんでした。

と言ったが、倭人は答えず、彼を捕えた。〔そして〕柴《しば》を積んで〔于老を〕その上に置き、焼き殺して去って行った。（後略）

ことの発端《ほったん》は、新羅の重臣昔于老《せきうろう》の軽はずみな倭国王を侮蔑《ぶべつ》した発言でしたが、この発言が倭国王の怒りを買い、両国間の一時的な戦乱を引き起こすことになったのです。この事件について『三国史記』の編者金富軾《きんふしき》は、「于老は当時大臣として国事や国政を掌《つかさど》り、戦えば必ず勝ち、勝たなくとも敗れることはなかった。すなわち彼のたてた策謀は必ず他の人〔の策〕に抜きんでていたのである」と、于老の業績を讃えながら、「しかるに一言のあやまちが、自らの命をとり、また両国を交戦させることになった」と、不用意な発言を非難しています。

この事件が我が国にとって重要なのは、使臣「葛那古」と将軍「于道朱君」という人物です。まず、この事件が起こった年代ですが、「列伝」では二五三年癸酉《みずのととり》とあります。

しかし干支《かんし》を二巡、一二〇年を延長してみますと三七三年となります。西暦三七〇年代としますと、応神天皇の即位が三九〇年ですから、神功《じんぐう》皇后の時代ということになり、神功皇后、誉田別《ほんだわけ》太子（後の応神天皇）、将軍于道朱君《うじすくん》（武内宿禰《たけのうちのすくね》）、使臣葛那古（葛城襲津彦《かつらぎそつひこ》）のいずれも存命中でした。

神功皇后の新羅征討は、仲哀《ちゅうあい》天皇崩御三六二、三年のことで、于老の事件とは一〇年以上の差があり、全く別の事件と考えられますが、倭国がこの頃何度も新羅の首都金城《きんじょう》を包囲していることや、新羅の王室が朴氏、昔氏、金氏と入り組んでいること、また、まだ暦が確立していない時代であったことから、似たような事件や話がいくつかあったとしてもおかしなことではないと考えられます。

また、この事件を伝える『三国史記』新羅本記二四九年の記事の注に、「『日本書紀』巻九神功皇后摂政前紀後部の分注記事はこの報復記事と関連している」とあります。この分注記事は、仲哀天皇九年、仲哀天皇崩御後、神功皇后が神託を受け対馬《つしま》から新羅征討へ出発した記事の「一書」の中の、新羅王の妻が、倭国の宰相《さいしょう》を誘惑して夫の死体を埋めた場所を聞き出し、殺害したというのです。

「列伝」の「報復記事」とは、昔于老事件の最後に、第十三代未鄒《みすう》王（在位二六二―二八四）の時、「倭国の大臣が来訪したので、于老の妻は、倭の使臣を私的に饗応したいと国王に申し出た。その使臣が泥酔すると、壮士に〔命じて彼を〕庭にひきずり下させて焼き〔殺し〕、以前の怨《うら》みをはらした。倭人は怒って金城を攻撃してきたが、勝てずに引き返した」とあります。これらの史料によって、于老事件は応神天皇（在位三九〇―三九四）の前代、神功皇后の時代であることが確定します。

そうしますと「葛那古」は、『日本書紀』神功皇后六二年の条に、「新羅が朝〔貢〕しなかった。その年、襲津彦を〔派〕遣して新羅を撃った。〔「百済記」〕はいう、――壬午《みずのえうま》〔三八二〕年、新羅は、貴国に貢上しなかった。貴国は、沙至比跪《さちひこ》を〔派〕遣して討たせた」という記事があり、葛城襲津彦に比定して間違いないと考えられます。

一方、「于道朱君」ですが、古代氏族の研究家宝賀寿男氏は、『葛城氏―武内宿祢後裔の宗族』（青垣出版）の中で、「于道」宇土、または『魏志倭人伝』に見える烏奴《うぬ》国の烏奴、宇陀《うだ》、宇治などの諸説を挙げ、「当時の地名・人名・姓氏名から考えて『宇治』の可能性が大きい」としています。そして「朱君」の「朱」は「す」とも訓《よ》み、「漢代古音ではこのほうが適切ではないか」と指摘、「朱君」は「skhn」となり、「朱君＝宿祢」説が今では多いといわれると述べています。たしかに「朱」は現在でも「朱雀《すざく》」と読まれていますので、宝賀氏の説を裏付けています。よって、「于道朱君」は「宇治宿祢」となり、この頃、神功皇后の新羅征討を援《たす》けた重臣武内宿禰に比定できます。武内宿禰の「武」は、尊

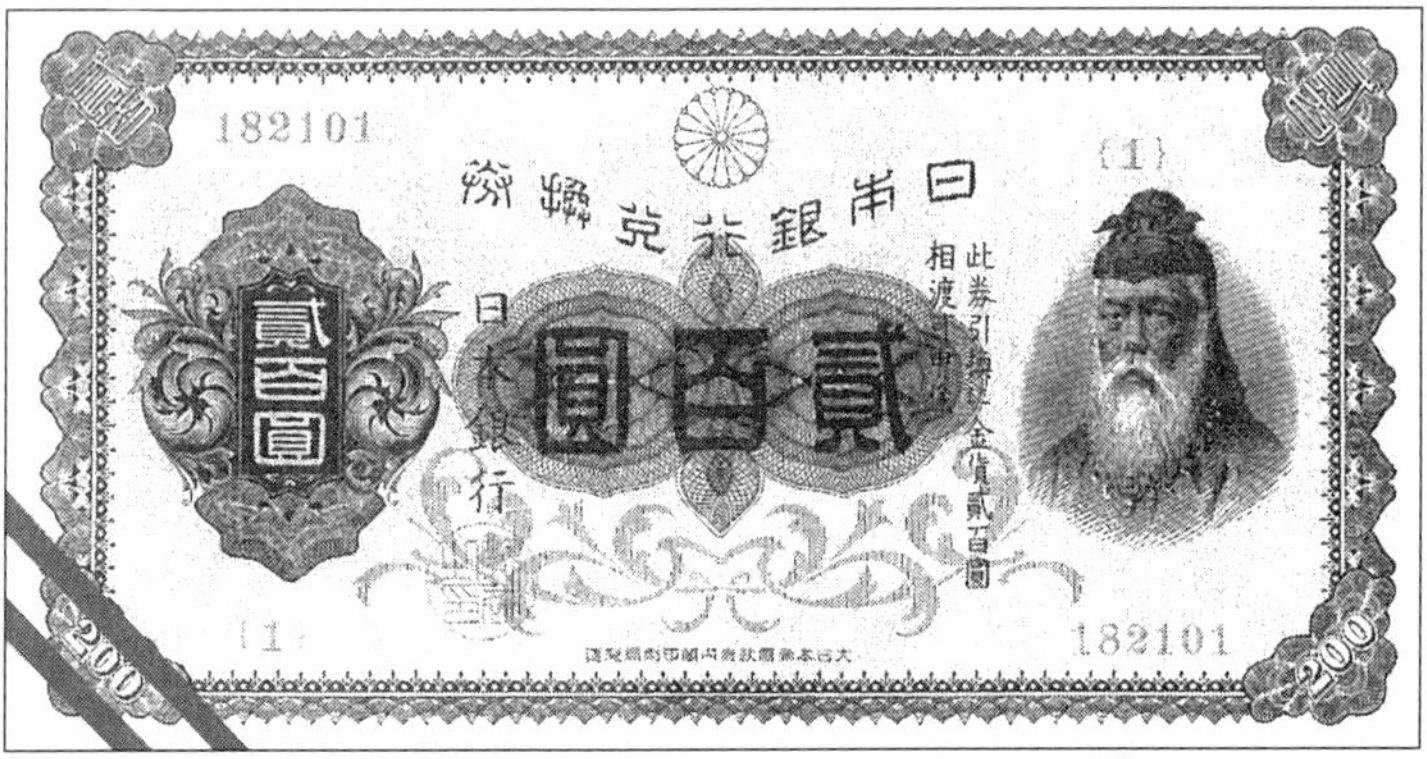

武内宿禰が描かれた旧貳百圓札（昭和２年発行、清田泰興氏提供）

称であり、もともとは「内宿禰《うちのすくね》」であったと考えられます。といいますのは、武内宿禰は、葛城《かつらぎ》と紀《き》の国の境である「宇智《うち》」の出身であることから、「宇智、宇治＝于道」を名乗っていたのではないでしょうか。この辺りには、現在でも五條市には、宇智川、宇智神社、ＪＲ北宇智駅などの名称が今に伝えられています。

昔于老事件で証明された武内宿禰の実在と神功皇后新羅征討の事実

戦後、長い間否定されてきた神功皇后と重臣の武内宿禰と葛城襲津彦の存在が、『三国史記』「新羅本紀」と「列伝」によって明らかにされました。それでは、武内宿禰とはどのような人物だったのでしょうか。二

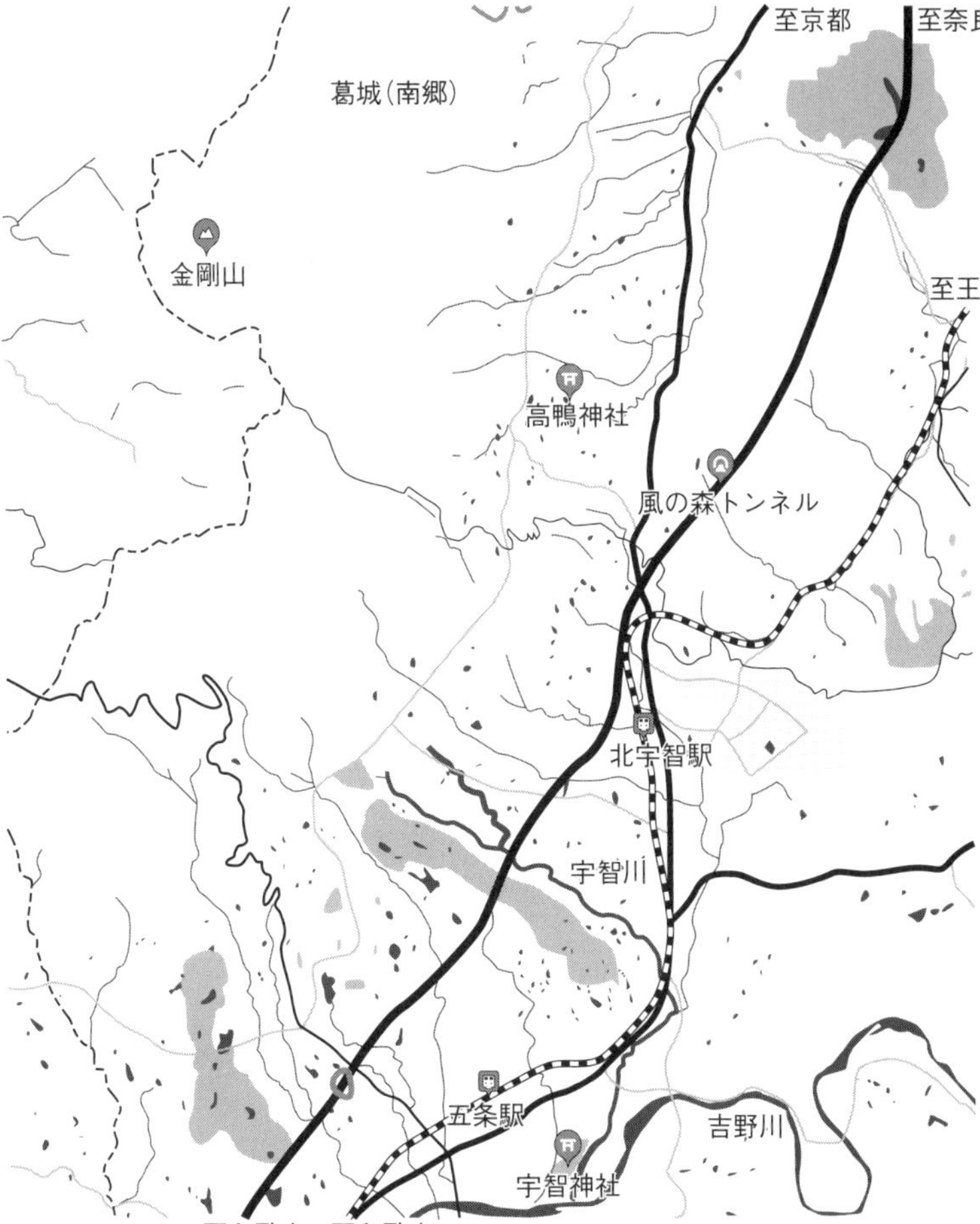
至京都
至奈良
葛城(南郷)
金剛山
至王寺
高鴨神社
風の森トンネル
北宇智駅
宇智川
五条駅
吉野川
宇智神社
至和歌山
至和歌山

五條市宇智近辺図

〇〇年におよぶ長命という説が、実在を否定する理由の一つになっています。武内宿禰は成務《せいむ》天皇と同じ日に生まれたために、特に天皇に可愛がられたと、『日本書紀』にはあります。成務天皇の崩年は、『古事記』の分注崩年干支《ぶんちゅうほうねんかんし》（以下崩年干支）によりますと、三五五年ですから、「天皇一代一〇年説」からすると、即位は三四五年となり、二〇歳で即位した場合、生年は三二五年ですから、武内宿禰も三二〇―三二五年頃に生まれたと考えられます。武内宿禰は、その後仲哀天皇、神功皇后、応神天皇に仕えたことが『日本書紀』に記されていますので、末年は仁徳天皇の初期と考えられ、七〇歳頃に死去したのではないでしょうか。

宿禰の系譜をたどってみますと、『日本書紀』孝元天皇紀によれば、第八代孝元天皇の皇子彦太忍信命《ひこふとおしまことのみこと》の孫にあたりますが、『古事記』では皇子となっています。『古事記』崩年干支では孝元天皇の孫である第十代崇神《すじん》天皇の崩年は三一八年ですから、宿禰は孝元天皇の曽孫という『日本書紀』の系譜が正しいと考えられ、第十一代垂仁《すいにん》天皇（推定在位三一八―三三二年）の代に生を享《う》けたことになります。

『日本書紀』景行天皇紀には、稚足彦尊《わかたらしひこ》（後の成務天皇）を皇太子に立て、この日に武内宿禰を棟梁《とうりょう》の臣（大臣）とし、皇太子に仕える重臣としたことが伝えられています。

成務天皇の事蹟は、『日本書紀』には、僅《わず》かしか記されていませんが、武内宿禰を大臣

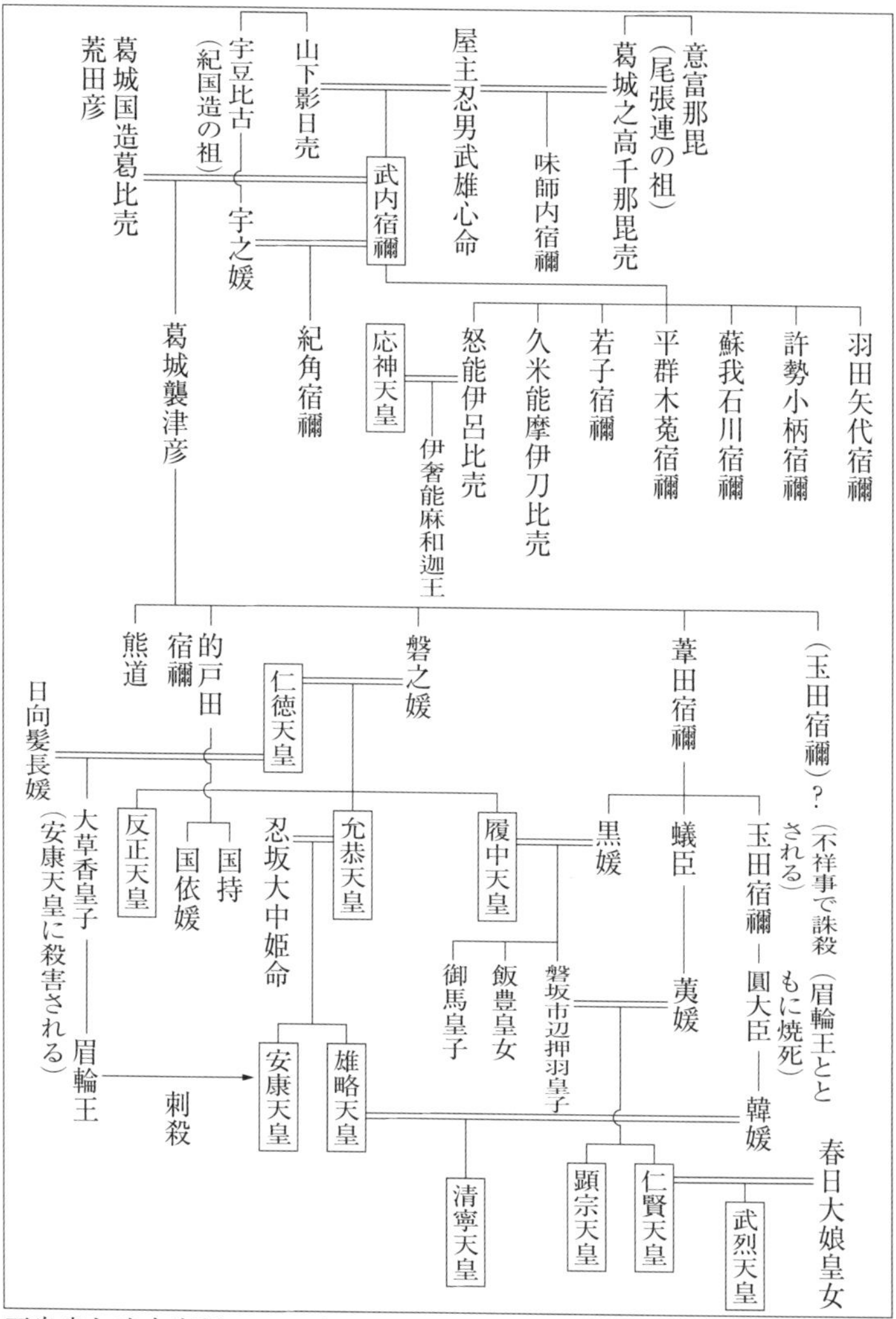

天皇家と武内宿禰ファミリー

として、大国・小国の国造《くにのみやつこ》を定め、国々の境、大県、小県を定め、国政の基礎造りを行ったことを伝えています。『古事記』の序一段「稽古照今《けいこしょうこん》」でも、「境を定め《さかひ》邦《くに》を開きて、近《ちか》つ淡海《あふみ》に制《おさ》め」と、崇神、仁徳、允恭《いんぎょう》天皇と並んでその事蹟を讃えています。

しかし、何といっても宿禰が活躍したのは、朝鮮半島での軍事作戦でした。この頃、朝鮮半島南部では、辰韓が新羅に、馬韓が百済に統合され、弁韓（弁辰・加羅）に居留地を持っていた倭国と新羅と百済が三つ巴の外交・軍事戦が始まっていました。

『三国史記』新羅本紀には、

三四四年　倭国が使者を派遣して、花嫁を求めてきたが、娘はすでに嫁に行ったとして辞退した。
三四五年　倭王が国書を送ってきて、国交を断絶した。
三四六年　倭軍は風島より進んで金城を包囲し、はげしく攻めた。

と記録しています。このように、景行天皇末期から成務天皇の時代に、倭国は朝鮮半島で大規模な軍事行動を展開していたことになり、武内宿禰が関わっていたことは明らかです。

先に「昔于老事件」で触れた「葛那古」（葛城襲津彦）は宿禰の長子ですが、宿禰には彼のほかに、蘇我《そが》石川宿禰、紀角《きのつの》宿禰、羽田矢代《はたのやしろ》宿禰、平群木菟《へぐりつく》宿禰、若子《わくご》宿禰、許勢小柄《こせのおから》宿禰と、七人の息子と二人の娘がいました。

長子の葛城襲津彦は、倭国に人質としてとどまっていた弟をとり返そうと謀《はか》った新羅王の策にまんまと騙《だま》され逃亡されてしまった事件や、朝貢が途絶えた新羅を討伐する命を受けながら、新羅が差し向けた美女に籠絡《ろうらく》され使命を果たさないなどの失敗を重ね、最後は自害しています。このような不祥事《ふしょうじ》があったにも拘わらず、一族からは一人も罪に問われた者はいませんでした。これは、父武内宿禰の功績はもとより、襲津彦の妹怒能伊呂比売《ののいろひめ》が入内《じゅだい》して応神天皇の子をもうけていること、また娘の磐之媛《いわのひめ》命が仁徳天皇の皇后となっていたことによるものでしょう。

蘇我石川宿禰が武内宿禰の実子であるか議論を呼ぶところですが、文政三年（一八二〇）摂津《せっつ》国（大阪府高槻《たかつき》市真上《まかみ》町）で発見され、現在国宝に指定されている「石川年足《としたり》朝臣之墓誌」には、「武内宿祢命子宗我石川宿祢命十世孫従三位行左大辨石川石足朝臣」と刻まれています。もう一つ、『日本書紀』推古天皇三十二年（六二四）、蘇我馬子が「葛城県《かずらきのあがた》は、もともと蘇我氏の本貫《ほんがん》であるから姓名としたので、永久に蘇我家に賜わりたい」と申し出て、天皇から自分の代でそのようなことをしたら、「後代の悪名となる」と断られています。そして十八年後の皇極元年（六四二）、蘇我蝦夷《えみし》が自らの祖廟《そびょう》を葛城の高宮に建て、六四人の群舞八佾《やつら》の舞を披露するなど、この地に異常なまでに執着していることからも窺えます。

その他、紀角宿禰、羽田矢代宿禰、蘇我石川宿禰、平群木菟宿禰は、後に述べるように応神天皇の命で百済へ赴き、辰斯《しんし》王を殺害、阿花王を擁立して帰国したと、『日本書紀』は伝えています。紀角宿禰は、母が紀国造の祖宇豆比古《うずひこ》（菟道彦《うちひこ》）の娘宇之媛であることから、紀国造家に婿入りさせたと考えられます。

平群氏の祖となった平群木菟宿禰の「木菟」という名は、応神天皇の皇后の産屋にツク（ミミズク）が、武内宿禰の妻の産屋にササギ（ミソサザイ）が飛び込んできたことから、応神天皇は、「その鳥の名をとって、交換して子どもに名づけ、後のしるしとしよう」と、太子の名を大鷦鷯《おおささぎ》皇子と、武内宿禰の息子は木菟宿禰と名付けられたという話が『日本書紀』に伝えられています。若子宿禰は江沼《えぬま》国造の祖、許勢小柄宿禰は許勢臣・雀部《さざきべ》臣・軽部臣の祖と、『古事記』孝元天皇紀に記されています。因みに許勢（巨勢）氏は、飛鳥から紀国を結ぶ巨勢路沿いの豪族です。

ところで、葛城南部、御所《ごせ》市室に古墳時代中期前葉に造られたと見られる巨大な前方後円墳、「室宮山《むろみややま》古墳（室大墓）」があります。全長二三〇メートル以上のこの古墳は、大和国最大級の古墳といえます。古墳時代中期前葉といいますと、西暦四〇〇～四一〇年あたりですから、埋葬された人物として考えられるのは葛城南部（御所市付近）の出身者で、この地方の豪族の祖と考えられます。

現在「室宮山古墳」は、葛城襲津彦の墓と伝えられていますが、すでに述べたように襲津彦は新羅に籠絡され不祥事を引き起こし、応神天皇の怒りをかい、この古墳に逃げ込んで自死したともいわれていますので、このような巨大な古墳に葬られるはずがありません。

室宮山古墳

さらに、注目されるのは「室宮山古墳」が陪冢《ばいちょう》を伴っていて、そこからは刀剣甲冑片が多数収蔵されていたことです。これは、「室宮山古墳」に埋葬された人物が武器、武具を管理する職種に携わっていたと考えられます。これだけの大型古墳と陪冢、出土品からも、この古墳の被葬者が武内宿禰であることはほぼ間違いないでしょう。

『日本書紀』の神功皇后紀、応神天皇紀には、新羅征討の記事が詳しく記述されています。仲哀天皇と神功皇后は西下《さいか》して、橿日《かしひ》の香椎宮《かしいのみや》で今後の征討について協議をしたところ、仲哀天皇はまず南の熊襲《くまそ》討伐を主張、一方神功皇后は、熊襲の国は「背骨の肉のように空《からっぽ》（不毛）の国だ。挙兵して伐《う》つねうちはない」が、それに引き替え「金、銀、彩色が多く」ある新羅の国を討つべきだという神託により、新羅征討を主張したのでした。

一方、神託を信じなかった仲哀天皇は急病で崩御したと『日本書紀』は伝えていますが、一説には、熊襲征伐を強行し、熊襲の放った矢に当たって崩じたともあります。神功皇后は崩御した仲哀天皇に代わって重臣である武内宿禰とともに新羅討伐を決意し、渡海作戦を実行したのでした。すでに軍勢は主に北九州地方から集められ、戦闘の準備は完了していました。

神功皇后は名門息長《おきなが》氏の出で、開化天皇の曽孫にあたりますが、仲哀天皇の正妃ともいえる大中姫《おおなかつ》は景行天皇の孫でしたから、格としては大中姫のほうが上でした。そして大中姫との間にはすでに麛坂《かごさか》王と忍熊《おしくま》王という二人の皇子をもうけていました。そのため当時の神功皇后の立場は、かなり危《あや》ういものになっていました。頼りとする仲哀天皇は神託を聞き入れずその祟りによって崩御したとうわさされる中、神功皇后と胎中《たいちゅう》の太子（後の

香椎宮

応神天皇）が残されてしまったのですから。

そこで仲哀天皇の崩御を悲しむ間もなく、一つの決断を下しました。それは重臣である武内宿禰とともに天皇の喪を伏せて、新羅征討を決行することでした。本来、仲哀天皇が崩御したのであれば、軍隊の編成を解き、大和へ戻るのが皇后のとるべき道であったでしょう。それを敢《あ》えてせずに、新羅へ向かったのはなぜなのか。勿論数千におよぶ兵と軍船を無駄にはできず、戦闘態勢を整えていた軍勢を、簡単には解散できなかった事情があったでしょう。しかしもっと差し迫っていたのは、天皇の後ろ盾《だて》を失ったことです。それはやがて生まれてくる我が子の将来が閉ざされることを意味します。大和へ帰ることになれば、皇位は麛坂・忍熊王のいずれかに移ることになり、万一の時は自身の身と幼い皇子に危険がおよぶことも覚悟しなければならなかったからです。

これは、後世、持統天皇が実子草壁《くさかべ》皇子に皇位を継承させるため、夫である天武天皇が寵愛した実の姉の子でもある大津皇子に死を賜ったことなどからも窺い知ることができる、子を想う母の一途《いちず》な思いであったと考えられます。

「昔于老事件」でも明らかなように、倭国と新羅は二〇〇年頃から度々戦いを交えていて、『三国史記』新羅本紀には倭人・倭国の新羅侵入を詳細に記録しています。二〇〇年から五〇〇年の間だけをとっても実に二十五回も新羅侵攻が行われています。倭国本土から筑紫、対馬経由で侵攻、筑紫から直接渡海、また、任那（伽耶、加羅）から国境を越えて侵入と、三つのルートが考えられますが、海路迎日湾《げいじつ》に上陸して金城（月城）、明活城に攻め入ったと考えられます。

三六四年（『日本書紀』では三六二年）、神功皇后は対馬から水軍を進め、新羅の地に上陸して王都まで兵を進出させました。新羅王はほとんど抵抗することなく降服、自ら首に白い組みひもをかけ、手を後ろ手に縛り、土地の台帳と人民の戸籍を封印して奉じ、「今から以後、天地とともに長く、〔降〕伏して〔馬《うま》〕飼部《かいべ》となります」と、また「海〔路

二〇〇～五〇〇年にわたる倭国・倭人の新羅侵攻

年	代	王名	事項
208	第十	奈解尼師今	倭人が国境を犯す。将軍利音（官位第二）が反撃
232	第十一	助賁尼師今	倭人が突然侵入して金城を包囲。王は自ら城を出て賊軍を撃破
233	〃	〃	倭軍、東部国境を犯す。将軍于老沙道で倭人と戦闘
249	第十二	沾解尼師今	倭人が舒弗邯の于老を殺害
287	第十四	儒礼尼師今	倭人が一礼部（星州郡）を襲い村々を焼き払い、千人の人々を連行
292	〃	〃	倭兵が沙道城を攻略
294	〃	〃	倭兵が長峯城を攻略
346	第十六	訖解尼師今	倭軍が風島を襲い金城を包囲。将軍康世（官位一位）がこれを破る
364	第十七	奈勿尼師今	倭兵が大挙して侵入。数をたのんで進撃してきたが、吐含山に伏兵を置き破る
393	〃	〃	倭軍が侵入し金城を包囲、持久戦に持ち込み大敗させる
402	第十八	実聖尼師今	倭国と国交を結び、奈勿王の王子未斯欣を人質に
405	〃	〃	倭兵が侵入して明活城（慶州）を攻めたが王はこれを撃破
407	〃	〃	倭人が東部辺境に侵入。倭人が南部辺境を犯し百人を略奪
415	〃	〃	倭人と風島で戦いこれに勝った
431	第十九	訥祇麻立干	倭兵が侵入し東部辺境を犯した。次いで明活城を包囲
440	〃	〃	倭人が南部辺境を犯し、住人を掠め奪って逃げ去った。また倭人が東部辺境を犯した
444	〃	〃	倭兵が十日間も金城を包囲。王は独山で戦い敗北
459	第二十	慈悲麻立干	倭人が東海岸よりさらに月城を包囲。王は王城を死守
462	〃	〃	倭人が襲来、活開城を陥れ、１千人を連れ去った
463	〃	〃	倭人が歃良城（梁山）を攻めたが勝てずに退去
476	〃	〃	倭人が東部国境地帯を犯した。将軍徳智が大勝
477	〃	〃	倭人の軍隊が五道を通って侵入したが得るところなく撤退
482	第二十一	炤知麻立干	倭人が辺境を侵犯
486	〃	〃	倭人が国境地帯を侵犯
500	〃	〃	倭人が長峯鎮を攻略

の」遠いのをものともせず、年ごとに男女の調《みつぎ》を貢上しましょう」と申し出ています。

そして倭軍は土地と人民を支配する印《しるし》として、皇后が杖とした矛《ほこ》を、新羅王の門に突き立て、後代への印とし、その矛は今なお新羅王の門に立っているとあります。さらに新羅王は、人質に金、銀、彩色と、綾、羅《うすもの》、縑絹《かとりきぬ》を揃《そろ》え、八十艘の船に載せて倭軍に従わせたと、『日本書紀』は記しています。

一方、『三国史記』新羅本紀は次のように記しています。

（奈勿王）九年（三六四）夏四月、倭兵《わ》が大挙して侵入してきた。王はこの報告を聞いて、〔倭軍の勢力に〕対抗できないことを考慮して、草人形を数千個作り、それに衣をきせ、兵器をもたせて、吐含山《とがん》の麓《ふもと》にならべ、勇士一千人を斧峴《ふけん》（未詳。慶州市南東部か）の東の野原に伏せておいた。倭軍は数をたのんでまっしぐらに進撃してきたので、伏兵を出動させて倭軍に不意うちをかけた。倭軍が大敗して逃亡したので、追撃して倭兵をほとんどすべて殺した。

吐含山は、新羅の首都金城の東南にある標高七四五メートルのこの地域では標高の高い山で、南の山麓には仏国寺《ぶっこく》、石窟庵《せっくつあん》などがあり、現在は観光名所となっています。問題なのは「斧峴」という地名です。「新羅本紀」の注では、「慶州南東部か」と記していますが、その正確な位置が不明でした。ところが韓国教員大学歴史教育科著『韓国歴史地図』（平凡社）によって、「斧峴」の位置が判明、神功皇后率いる倭国軍は、海路迎日湾から斧峴に上陸、直接首都金城へ向かったのです。北の沙道城《さどう》には新羅が北方の靺鞨《まっかつ》の侵入に備えて築いた長嶺鎮《ちょうれいちん》が近くにあり、倭軍はこの常駐する兵力を無視して金城へ向かうことができずに、この地に上陸したのでした。

神功皇后率いる征討軍は、当時倭国の影響下にあった狗邪《くや》（金海）国、その隣の瀆盧国《とくろ》

（釜山）などには上陸せず、対馬から海路一気に迎日湾に入り、湾の最奥部《さいおうぶ》に投錨《とうびょう》、斧峴から金城を目指したのです。『日本書紀』では、対馬の和珥《わに》の津を出発の後、追い風を受け一気に新羅に到着、この時船についてきた潮浪が遠く国の中までおよび、軍船が海に満ち、旌旗《せいき》は日に輝いたと、記しています。筆者は、迎日湾を望む浦項の地を実際に訪れてみましたが、まさに潮と風によって倭軍は一気に迎日湾に突入したのではないかという思いを新たにしました。

この戦いは、『日本書紀』によれば倭国の勝利、『三国史記』新羅本紀によれば新羅の反撃・勝利と、結果は全く反対ですが、倭軍が新羅にとどまり占領を続けないのであれば、兵を引き上げるのは当然で、『三国史記』新羅本紀の記述もおかしいとはいえません。

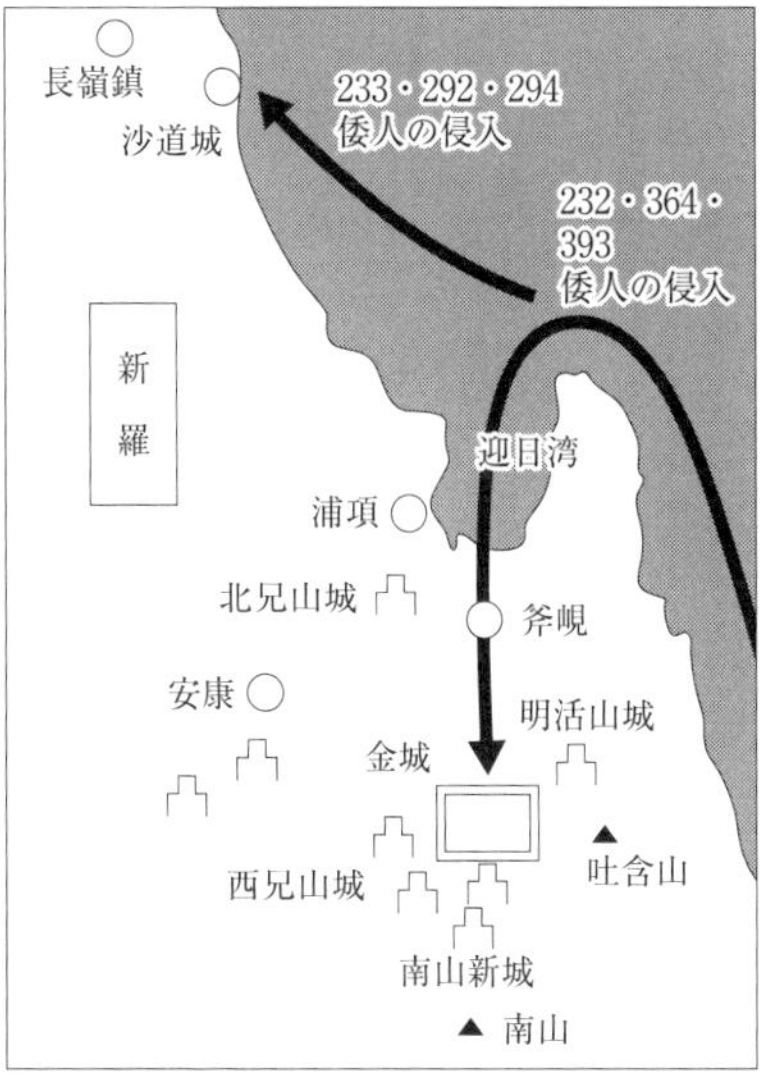

倭人の侵入
韓国教員大学歴史教育科著『韓国歴史地図』（平凡社）を参考に作成

神功皇后の軍勢は、新羅王に対し毎年の朝貢を約束させて撤収《てっしゅう》します。『日本書紀』をもとに、三〇〇年以降、六九七年に持統天皇が崩御

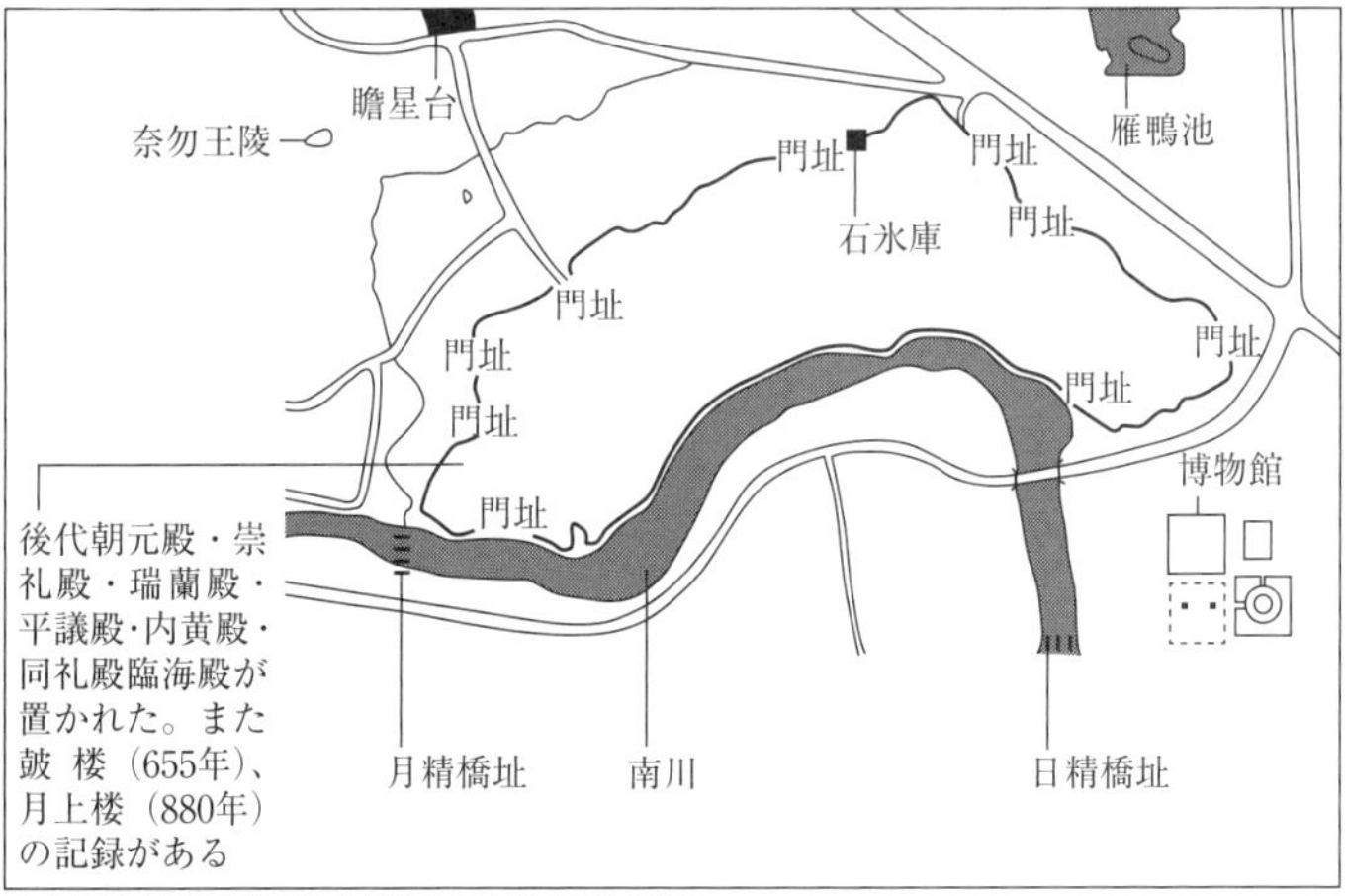

金城（月城）平面図（門址は推定位置）

するまでの四〇〇年間で、倭国が受け入れた新羅からの使節団の数は六〇回、倭国から新羅へは、僅か十九回でした。因みに高句麗からは二五回、百済からは五五回です。百済は六六三年、高句麗は六六八年に滅亡しているので、単純に比較はできませんが、それにしても新羅からの使節団の来朝の回数は突出しています。

神功皇后の治世の前半は、新羅征討の勝利の後、麛坂王・忍熊王との皇位継承の争いで勝利をおさめた後は、誉田別太子の養育に、後半は太子の後見役として新羅、特に百済との友好関係の樹立や外交関係の交渉に費やされました。『日本書紀』神功皇后紀五十二年（三七二）の条に、百済王の使節「久氐らが、千熊長彦に従ってやってきた。そして七枝刀《ななさやのたち》一口《ひとふり》、七子鏡《ななつこのかがみ》一面、それにさまざまの重宝を献〔上〕した」

小高い丘の上にある金城(月城)址

とあります。

これは倭国と新羅のことではないのですが、「百済本紀」三九二年の条には、

冬十月、高句麗〔軍〕は関彌城を攻めおとした。

王は狗原で田猟していたが、十日たってもかえってこなかった。

十一月、王が狗原の行宮《あんぐう》で薨去した。

と、第十六代辰斯王の変事《へんじ》と薨去《こうきょ》を伝えています。

一方、『日本書紀』の応神天皇三年(三九二)の条には、「この年、百済の辰《しん》斯《し》王が立ち、貴国の天皇に礼を失した。

それで紀角宿禰《きのつのすくね》、羽田矢代宿禰《はたのやしろのすくね》、石川宿禰、木菟《つく》宿禰を〔派〕遣して、その無礼の状を叱嘖《しっせき》した。これがもとで、百済国は、辰斯王を殺して謝った。紀角宿禰らは阿花《あけ》を王に立てて〔帰〕国した」とあります。

この事件は、その頃百済と高句麗の戦役の真っただ中の出来事と考えられます。百済軍と百済を支援する倭国軍との間で、深刻な意見の相違が生じたことに加えて、こともあろうに百済の辰斯王から倭国王への蔑《さげす》みの言動があったのでしょう。

これを質《ただ》すために、応神天皇は、重臣である武内宿禰の息子たちを派遣し、百済王の無礼を叱責し、その結果百済王の重臣たちは、攻勢を強める高句麗に対し、城を出ることもかなわず、頼れるのは倭国だけと、国王の首を差し出さざるをえなかったのでしょう。何しろ、大和朝廷をこれまで支えてきた武内宿禰の四人の息子たちが揃ってやってきたほどの重大な事件であったのです。

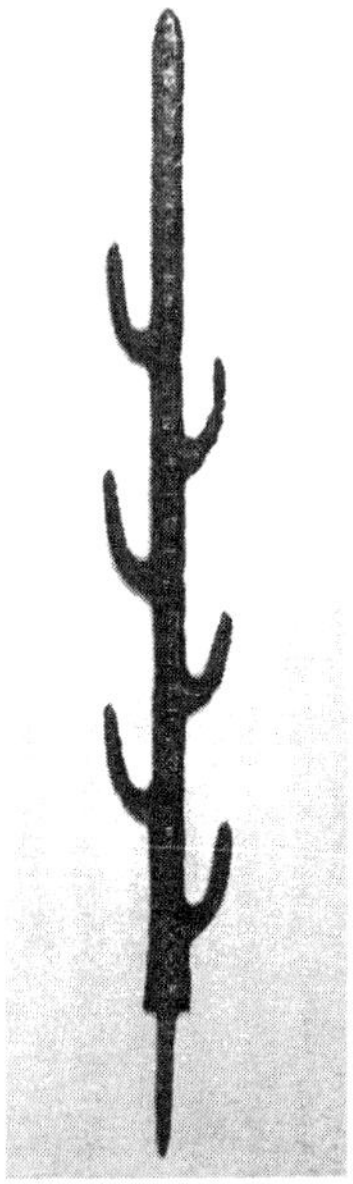

七枝刀（国宝、石上神宮所蔵）

百済側は辰斯王を殺害して謝罪し、辰斯王に代わって阿花（阿莘）王を擁立《ようりつ》しています。争いのもとは、籠城《ろうじょう》戦か野戦《やせん》による決戦かといった戦術上のことと考えられ、倭国の協力が足りなかったことで、百済王の不用意な発言があったものと推測されますが、応神天皇の怒りは想像以上のものだったのでしょう。

この後、阿花《あけ》（阿莘《あしん》）王は三九七年、太子である腆支《てんし》王を人質として倭国に送っていますが、四〇五年、阿花（阿莘）王没後王位継承の争いが起きると、倭国は人質の腆支王に軍勢をつけて百済に送り返し、第十八代腆支王として即位させています。

これまで述べてきた新羅の昔于老、百済の辰斯王に関する事件は、それぞれ不用意な発言が戦乱の発端となったのですが、それに対して倭国が毅然とした行動をとり、対処したことを伝えています。

これら二つの事件から思い起こされるのは、朝鮮半島の新羅と百済がともに先進国と思い、新興国であると思い込んでいた倭国に対して優越感を持って、不用意な言動を重ねていたことが分かります。

第二章 倭国と新羅の関係(二)

——高句麗・新羅・百済・倭国、四カ国の戦い

高句麗と倭国の十五年戦争

三九〇年前後から四〇〇年前半にかけて、朝鮮半島では高句麗・新羅と倭国・百済の四カ国の間で、激しい戦闘が繰り広げられていました。この詳細は、高句麗第十九代広開土王の業績を顕彰して建立された「広開土王碑」と、『日本書紀』の応神天皇紀ならびに仁徳天皇紀には、次のように伝えられています。

三九一年　百済・新羅は古くからわが高句麗の属民であって、もとから朝貢していた。しかるに倭が、辛卯の年に海を渡って来て、百済を破り〔更に〕新羅を〔討ち〕両者を臣民と見なすようになった。

（広開土王碑）

三九二年　秋九月、高麗王が使を〔派〕遣して朝貢した。そして上表した。その〔上〕表〔文〕は、「高麗王が、日本国に教える」とあった。太子ウジノワキイラツコは、その表を読んで怒り、高麗使を、表の形が無礼だと責め、即座にそ

の表を破った。（筆者注：高句麗王が倭に撤退要求か）

『日本書紀』

三九六年　そこで百済の国王は困りぬき追いつめられて、男女の奴隷一千人と上質の布千匹をさし出し、王の前に跪いて、これよりのち永く家臣としてお仕え申し上げましょうと誓った。

（広開土王碑）

三九九年　九年己亥に、百済はかつての誓いに背いて、倭と和親した。そこで王は平壌まで巡幸南下した。そのとき新羅は使者を派遣して太王に言上した。倭人が新羅の国内に満ちみちて、城壁や濠を破壊し、高句麗の家来である新羅人を民としております。そこで新羅王は、太王に帰服して命令を待とうとしております。太王は情深く、新羅王の忠誠を評価し……使を還らせて、□計を新羅王に告げさせた。

（広開土王碑）

四〇〇年　永楽十年庚子の歳に、王は歩騎五万を派遣し、往きて新羅を救援させた。男居城より新羅城に至った。倭軍は城中に満ちていたが、高句麗軍の来襲を知り倭軍は自ら城を撤退した。その倭軍の背後から官軍は急追撃して、任那・

加羅の従抜城に至った。城はたちまちにして陥落した。安羅人戎兵、新口城、塩城を□した。倭軍は勢いがなくなり潰敗し、城の十人に九人は倭に随うのを拒んだ。安羅人戎兵は……を捕え……。〔倭の残兵は〕ここで潰え、亦以って、安羅人戎兵に随□す。

（広開土王碑）

四〇四年　永楽十四年甲辰の歳に、倭は無法にも帯方界に侵入し、〔百済と和通して〕石城に至り、船を連ねて……したので、好太王は自ら……を率い、平穰から……〔敵の先〕鋒と遭遇した。王の親衛隊は〔敵を〕要撃し切断し、縦横無尽に斬りまくった。そこで残された倭軍は完全に敗れ、斬り殺された者は無数であった。

（広開土王碑）

四〇七年　永楽十七年丁未の歳に、歩・騎兵計五万人を派遣して……させた。高句麗軍は、敵と合戦し、刺殺し、全滅させ、獲得した鎧は一万余、軍用物資や兵器は数えきれないほどであった。

（広開土王碑）

四〇八年　七月三日、高麗国が、鉄の盾、鉄の的を貢〔上〕した。

八月一〇日、高麗の客を朝〔廷〕で饗〔応〕した。この日、群臣および百寮〔官〕を集め、高麗が献じた鉄の盾、的を射させた。諸人は的を射通すことができなかった。的臣《いくはのおみ》の祖である盾人《たてひと》宿禰だけが、鉄の的を射通した。高麗の客たちが見て、その射のすぐれて巧みなのにおそれいり、いっせいに起〔立〕して拝朝した。（筆者注：高句麗の講和交渉使の来朝、講和成立）

（『日本書紀』）

これらの記録によれば、倭国は三九一年に出兵、四〇〇年には新羅を主戦場に高句麗と対戦、敗戦にもかかわらず、四〇四年には百済出兵とともに高句麗の帯方郡にまで侵攻します。高句麗の記録によれば、敗戦を重ねた直後、四〇四年に再戦しています。いずれも高句麗は五万の兵を投入したとあり、これに対する倭国側もそれに相当する兵力を備えていたと考えられます。このことからも分かることは、前にも述べたように、高句麗からの使節団が大和へやってきたので、倭軍の勝利に終わったものと解釈されます。少なくとも、五分五分であったのではないでしょうか。

新羅王からの任那王・日本府への救援依頼

雄略天皇八年（四六四）、新羅の第二十代慈悲王（在位四五八―四七九）は、任那王に遣使し、「高麗王がわが国を征伐しに来ました。このときに当って、〔新羅〕はつづり合せた吹流《ふきなが》しのように〔高麗の思いのまま〕です。国の危いのは、重ねた卵以上で、命の長短は、とても計れぬところでございます。伏して救いを日本府（筆者注：安羅国）の軍将らに請います」といったので、そこで任那王は膳臣斑鳩《かしわでのおみいかるが》、吉備臣小梨《おなし》、難波吉士赤目子《きしあかめこ》をすすめて、新羅救援に行かせたのです。膳臣と吉備臣は中央の豪族で、難波吉士は大阪湾一帯の勢力をバックに、軍事外交を担った豪族です。これらの豪族が揃って新羅救援に出向いたのは、高句麗軍との決戦に臨むためと思われます。

新羅王が安羅国にある日本府への救援要請に至った事の発端は、約六〇年前、高句麗による新羅救援（三九九―四〇〇年）で、高句麗は倭国と任那諸国の軍勢を国内から駆逐したにもかかわらず、全面駐留ではないものの、新羅に居すわりを決め込みます。

高句麗はまず、自国に人質としていた太子実聖王《じっせい》（在位四〇二―四一七）と訥祇王《とつぎ》（在位四一七―四五八）の二人を新羅に帰し、王として擁立し、影響をおよぼしていました。さらに、高句麗王は精兵一〇〇人を駐留させていました。

そして次の慈悲王の任那王への救援の要請ですが、その間の事情を『日本書紀』は、新羅と倭国の関係、新羅と高句麗との友好関係、千人にもおよぶ高句麗の新羅への駐留、そして高句麗と新羅の関係悪化の発端などを詳しく伝えています。

ところで、高句麗が新羅に兵士を駐留させ新羅を守ってくれているが、「いずれ汝《なんじ》の国がわが国に破られるのはそう遠くないな」と一兵士が呟いた一言に、高句麗の本心を覚《さと》った新羅王は、「家の内で養っている雄鶏《おんどり》を殺せ」と指示したという記事が『日本書紀』にあります。新羅王が高句麗人を「雄鶏」と言ったのは、七世紀後半、西域ソグド国サマルカンドの宮殿址に描かれた壁画に、鳥羽冠、冠帽《かんぼう》に雉《きじ》の尾羽を挿《はさ》んでいる高句麗・新羅人と思われる人物像が描かれていますが、その恰好が雄鶏の鶏冠《とさか》に似ていることから、このような発言があったのでしょう。

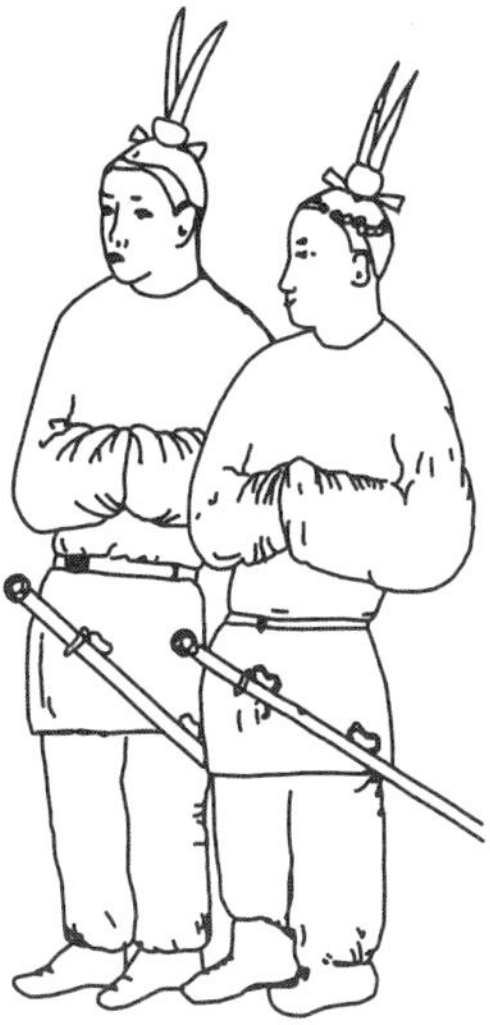

アフラシャブ都城宮殿址の壁画に描かれた高句麗兵士像
森浩一監修　東潮、田中俊明編著『韓国の古代遺跡１』（中央公論社）より

北魏との長期にわたる戦いで北方への進出をあきらめた高句麗は、南に活路を見い出すほか道はなかったのです。そこで高

句麗は新羅を完全に領有化すること、そのためには新羅の独立への動きに先手を打って主力の軍を進駐させていたのでしょうか。その頃の新羅と高句麗の置かれた事情に関しては、『三国史記』高句麗本紀、新羅本紀には一切記述がありません。

任那をめぐっての新羅と百済の争い

その後、百済は高句麗の南下政策により、熊津（公州）から扶餘へと南遷を余儀なくされ、五五四年、任那をめぐって新羅と死闘を繰り返していた百済の聖王が、新羅軍の奇襲によって殺害されたと『三国史記』百済本紀は伝えています。これは、老臣の諫めを振り切って「私には大国日本がついている、恐れることはない」と新羅に入り、要塞を築いた王子の余昌を慰問するために訪れた聖王が、新羅の兵に包囲され首をはねられたことによるものでした。一方、余昌は弓の名手筑紫の国造の助けで辛くも逃げ帰ることができたということです。これにより、朝鮮半島中南部および沿岸地域における新羅の覇権が確立しました。

また、この年真興王（在位五四〇—五七六）十五年（五五四）の十月、『三国史記』新羅本紀は、「王は北漢城（ソウル市方面）を巡幸し、この地の境界を拡張し、確定した」とあります。それに先立って真興王十二年（五五一）、「王が〔各地を〕巡狩して、娘城《じょう》（忠北清州市）にとどまった」という記事があります。

巡狩とは、「古くは天子が狩猟で軍隊を訓練しながら、各国を歴訪して各地の民情を視

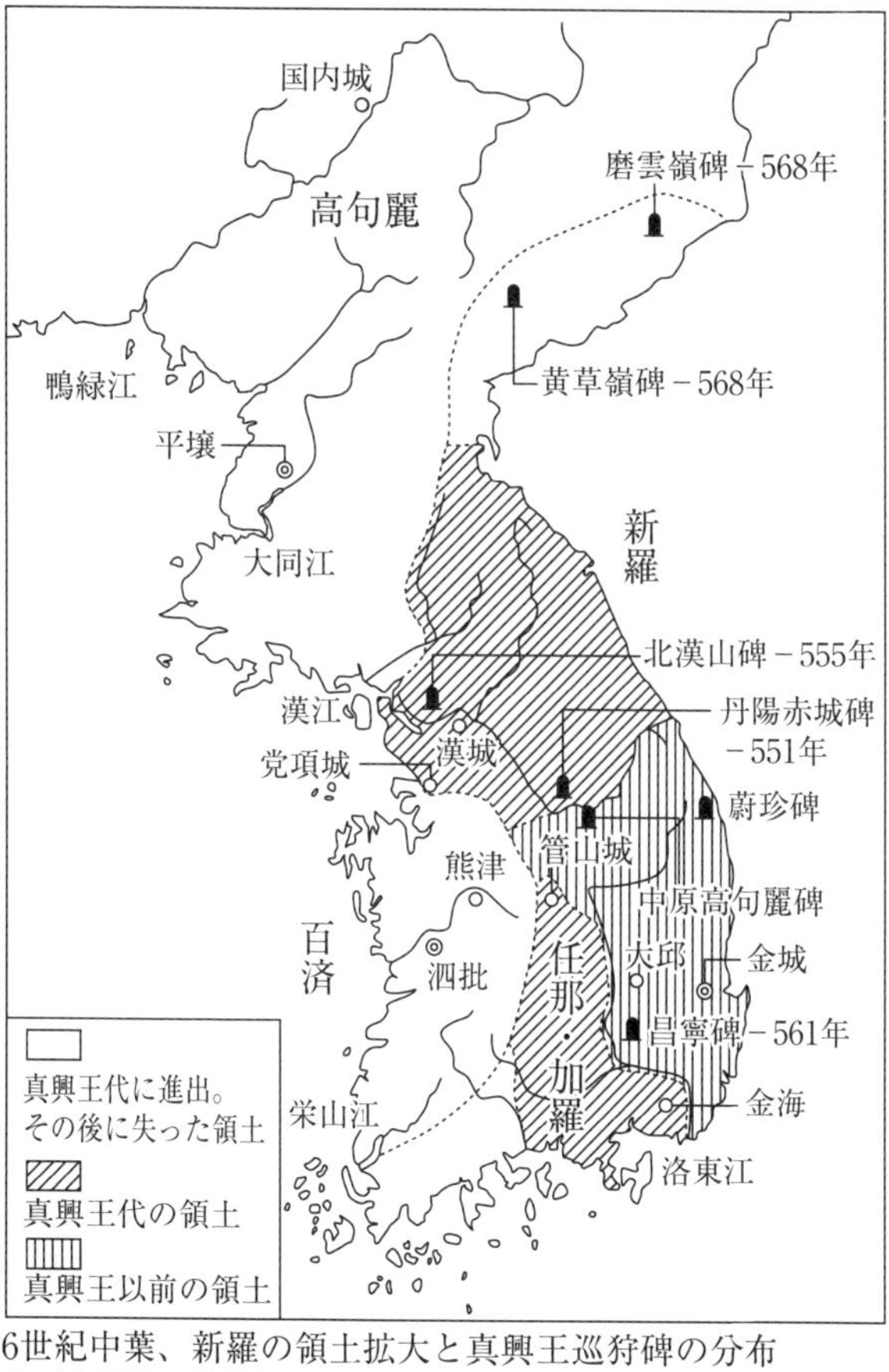

6世紀中葉、新羅の領土拡大と真興王巡狩碑の分布
金両基監修、姜徳相、鄭早苗、中山清隆編『図説 韓国の歴史』（河出書房新社）、三橋広夫訳『世界の教科書シリーズ15　韓国の高校歴史教科書』（明石書店）の図を参考に作成

真興王巡狩昌寧碑

察したという。漢代からは、単に天子が諸国を歴訪して諸侯と会合し、主従関係を確認したことをいう。ここでは新羅王が地方を歴訪し、地方豪族と会合して、盟約関係の確認などを行ったのであろう」との注釈が付されています。四九頁の図は、六世紀中葉に真興王の新羅の領土拡大を巡狩碑の分布で表したものです。北は咸鏡南道から南は昌寧にまでおよんでいます。新羅はこの頃から国力を蓄え、社稷《しゃしょく》を守り、任那諸国と任那を支える倭国の支援を受け、亡国の悲劇から免れることができたのです。その後、新羅は地の利、天の時に恵まれ、朝鮮半島の統一へと突き進みます。

第三章

新羅救国の英雄、金春秋

――絶世の美男で宰相、そして新羅王に

新羅と百済の攻防

孝徳《こうとく》天皇大化三年（六四七）、新羅から珍客が来朝、官位は高く大阿湌《おおあそん》（冠位十七位階の第五）金春秋《きんしゅんじゅう》（後の武烈王）でした。金春秋は、六〇三年の生まれ、父は真智《しんち》王の子龍《りょう》春《しゅん》、母は真平《しんぺい》王の娘、天明《てんめい》夫人です。真智王は第二十五代新羅王で、在位は五七六―五七九年、真平王は第二十六代新羅王で、在位は五七九―六三二年ですから、春秋は文字通り王位に一番近い存在でした。

一方、官位は五等大阿湌で、政治全般、特に外交問題、それも対唐外交に死力を尽くしています。さらに、偶々《たまたま》の巡り合わせでしょうが、旧任那金官加羅家の末裔《まつえい》で、軍人の金《きん》庾信《ゆしん》と肝胆相照《かんたんあいてら》す仲で、二人で対百済、対高句麗戦を戦い抜いていくことになります。

彼の生まれた頃、六〇〇年過ぎは、隣国百済が堰《せき》を切ったように新羅を攻略してきます。国力はどう見ても新羅四分、百済六分、戦いで新羅は苦戦を強いられていますが、果《か》敢《かん》に抵抗を続けています。

『三国史記』百済本記には、

金春秋画像（慶州の統一殿に掲げられた武烈王の肖像画）

六〇二年八月、王は出兵して、新羅の阿莫山《あばくさん》城（全北南原郡雲峰面）（分注。母山城ともいう）を包囲した。〔新〕羅の真平《しんぺい》〔王〕が、精鋭な数千の騎兵隊を派遣し防戦させたので、わが軍は勝利をえられず、帰国した。

新羅は小陁《しょうた》・畏石《いせき》・泉山・甕岑《ようしん》の四城を築き、わが国の国境地帯を侵しせまったので、王は怒って、佐平の解讎《かいしゅう》に、四万の歩兵と騎兵とを率いさせて、この四城を進攻させた。（その後新羅軍の反撃にあい敗北）

六〇五年八月、新羅が、東部の辺境を侵した。

六一一年十月、新羅の椵岑《かしん》城（忠北槐山《かいざん》郡槐山面）を包囲し、城主の讃徳《さんとく》を殺し、その城を滅ぼした。

六一六年十月、達率《たつそつ》の苩奇《はくき》に、八千人の軍隊を率いて、新羅の母山城を攻撃させた。

六一八年、新羅の将軍辺品《へんぴん》らが、椵岑城を攻めて、これをとりもどした。

六二三年秋、出兵して、新羅の勒弩《ろくど》県（忠北槐山郡槐山面か）を侵させた。

六二四年十月、新羅の速含《そくがん》（慶南咸陽《かんよう》郡咸陽邑）・桜岑《おうしん》・岐岑《きしん》・烽岑《ほうしん》・旗懸《きけん》・冗《じょう》（穴《けつ》）柵《さく》などの六城を攻めて、うばい取った。

とあります。

一方『三国史記』新羅本紀には、

六〇二年八月、百済が侵入して来て、阿莫《あばく》城（全北南原郡雲峰面）を攻めた。王は将軍たちに迎撃させて、百済軍を大敗させた。貴山《きさん》と箒項《そうこう》とは、この戦いで戦死した。

六〇五年八月、出兵して百済に侵入した。

六一一年十月、百済軍が侵入して来て、椵岑《かしん》城（忠北槐山郡槐山面）を百日も包囲した。県令の讃徳《さんとく》が固守したが、力尽きて戦死し、その城も落ちた。

六一六年十月、百済が侵入して来て母山城を攻撃した。

六一八年、北漢山州軍主の辺品が椵岑城を奪還しようとして百済軍と戦った。〔このとき〕奚論《けいろん》はその軍に従い、敵陣に赴いて力戦奮闘したが、戦死した。奚論は讃徳の子である。

六二三年、百済が勒弩《ろくど》県（忠北槐山郡槐山面か）を襲撃した。

六二四年十月、百済軍が侵入して来て、わが国の速含（慶南咸陽郡咸陽邑）・桜岑《おうしん》・岐《き》岑《しん》・烽岑《ほうしん》・旗懸《きけん》・冗柵《じょうさく》（以上五城未詳）の六城を包囲した。そのうちの三城が落城・降伏した。級湌の訥催《とつさい》が烽岑・桜岑・旗懸三城の兵を集めて堅守したが、勝つことができず、戦死した。

と戦闘の様子を伝えています。

金春秋の登場

金春秋は、第二十七代善徳《ぜんとく》王（在位六三二―六四七）十一年（六四二）秋七月、百済王（義慈《ぎじ》）が大軍を派遣、西部の四十余城を攻略、新羅と百済の天王山というべき党項《とうこう》城（京畿道《キョンギド》華城《ファンソン》郡南陽面《ナムヤンミョン》）を攻め落とし、これによって新羅の唐への朝貢の道は断たれたのでした。加えて、新羅と旧任那の要衝大耶《たいや》城（慶南陝川郡陝川面）が百済の将軍允忠《いんちゅう》により攻撃され、金春秋は最愛の娘とその婿、そして大耶州都督《ととく》の伊湌品釈《ひんしゃく》以下子飼いの部下たちを失うことになります。春秋は、この報告を聞くと、柱に寄りかかったまま一日中瞬《まばたき》もせず、人が目の前を通ってもそれに気が付かなかったといいます。そして、「ああ、大丈夫たるものがどうして百済を併呑《へいどん》できないことがあろうか」といい、「どうか私を高句麗に遣わして、出兵を求め、百済に怨みをはらさせてください」と王に願い出て、高句麗に赴いたといいます。

高句麗王第二十八代宝蔵《ほうぞう》（在位六四二―六六八）は、以前から春秋の名を聞いていたので、兵備を厳重にして会見したところ、春秋は、「百済は無道で、残忍貪欲にも新羅の領域を侵略しているので、兵馬などの援助を受けて、恥をそそぎたいと願って、貴国の下執事にお伝えしたのですが」と、言上《ごんじょう》。高句麗王は、竹嶺《ちくれい》の西北地域を返還するならば、出兵してもよろしいという条件を出したのです。それに対して春秋は、自分は君命を受けて援軍を依頼しに来たので、国難を救う善隣友好の意志がなく、ただ武威をもって使者を脅して土地を奪おうとするなら、私に待っているのは死があるだけです、と答えました。それに対し、高句麗王はその言葉は不遜であると、別館に閉じ込めてしまったのでした。

そこで、春秋は、ひそかに人を介してこのことを本国の王に報告、さっそく善徳王は、大将軍金庾信に命じ一万の勇士を率いて高句麗に赴かせたところ、その兵が漢江を越え、高句麗南部の国境にまで至ったという報《しら》せを聞いた高句麗王は、春秋を釈放、帰国させたのでした。このことについて『三国史記』高句麗本紀は、「新羅《しんら》は〔わが国とともに〕百《ひゃく》済《さい》を討伐しようと計画し、金春秋《きんしゅんじゅう》を派遣して、出兵を求めてきたが、〔これに〕従わなかった」とあります。

金春秋の要請は一方的なもので、高句麗の宝蔵王にとってプラスになるものは何もありませんでした。宝蔵王の当面の敵は唐であり、百済を新羅とともに挟撃《きょうげき》する余裕などありませんし、かえって唐を攻撃する絶好のチャンスとなります。周到な金春秋の対応から見れば、高句麗へ赴いたのは、高句麗中枢部の情報工作の入手にあったのではないかと考えられます。金春秋の高句麗訪問は大変無謀なものでしたが、次の訪問予定の地は、何と倭

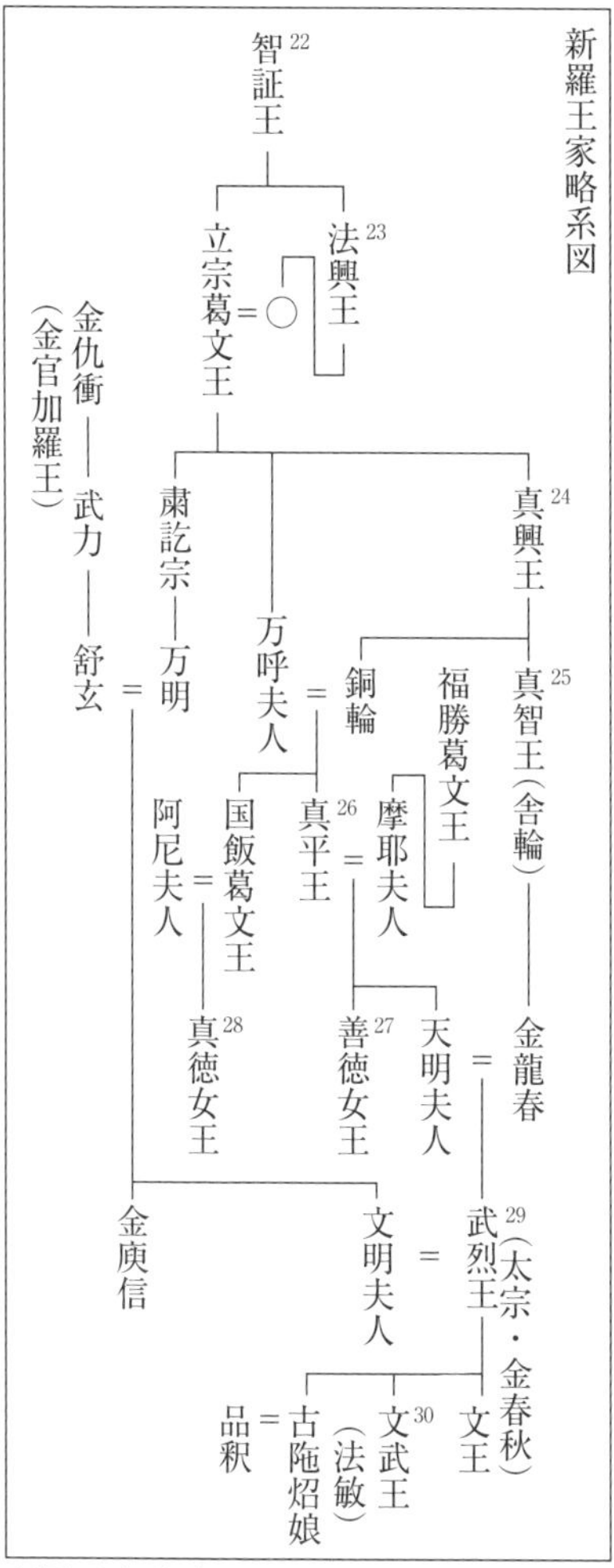

新羅王家略系図
井上秀雄著『新羅史基礎研究』（東出版）を参考に作成

国でした。これは高句麗へ赴いた五年後に実現しますが、自国の北方で唐と戦う高句麗の動向と、自国の東南で、歴史的に百済と近い倭国の対応を探るためでした。

金春秋、唐へ支援を要請

金春秋の六四二年の高句麗訪問は、高句麗の内乱、重臣一族である蓋蘇文《がいそぶん》による第二十七代栄留王《えいりゅう》（在位六一八—六四二）の弑逆《しいぎゃく》事件の直後と見られ、高句麗の最新の情報収集を目的とした可能性も考えられます。そこで、翌六四三年、使者を唐へ派遣、最近の情勢を伝えるとともに、唐軍の新羅への派遣を次のように要請しています。（『三国史記』新羅本紀）

高句麗と百済とは、わが国を侵略し、数十の城をしきりに攻撃しています。両国軍は連携し、期日を定めて〔めざすわが国の城を〕必ず奪取するでしょう。今年九月に、〔両国軍は連合して〕大挙〔わが国を襲おうと〕しています。わが国は必ずしも安全に保つことはできません。わが王はつつしんで陪臣《ばいしん》である私を派遣し、大国の命に従おうとしています。なにとぞ、小部隊を派遣して〔わが国の危機を〕救援していただきたいと思います。

それに対して唐の皇帝太宗は、「新羅が高句麗と百済の二国に侵略されていることは哀れに思っている、だから頻繁に使者を派遣して三国の平和のため努力はしている。それなのに高句麗と百済は約束をしてもすぐに気がかわって、新羅を滅亡させ、併呑《へいどん》して国土を分割しようとしている。何か奇策はあるか」という問いに、新羅の使者は、「いろいろと手段を講じ、計略をたてましたがそれらもすべて尽き果ててしまいました。どうかこの緊急事態をお伝えして、唐の支援によってわが国を守ってゆきたいのです」と答えたので、太宗は、次の三つの策を提示しました。

第一は、要請にこたえて契丹《きったん》・靺鞨《まっかつ》など辺地の軍隊を動員して高句麗・百済を攻めれば一時的には包囲網はとけるだろうが、後続部隊がないと分かればまた元に戻ってしまう。

第二は、赤い綿入れの軍服と朱色の幟指物《はたさしもの》を与えるから、高句麗と百済の軍隊が侵入してきたらこれらの幟と軍服をならべれば、唐の兵だと思って逃げ去るだろう。

第三は、百済は海の守りが弱いので唐の船に武装した兵士を乗せ、百済を襲撃する。ただし、現在新羅の国は婦人が王になっているので隣国から軽んじられ、いつまでも侵略が続いている。そこで、わが国の一族のものを王として派遣、軍隊も派遣して国を守らせる。

しかし、使者はただ黙っているだけで、答えはありませんでした。太宗は、「こんな田舎者では、出兵を求め、緊急事態を告げる才覚などありはしない」と、嘆いたといいます。

また、翌年（六四四）、唐に使者を派遣、特産物を献上しています。その年、太宗は、高句麗に親書を持たせ、使者司農丞相《しのうじょうしょう》の里玄奘《りげんじょう》を派遣しています。親書には、「新羅は我が国の命に従い朝貢を欠かすことがない。あなたの国は百済とともにぜひともすぐに戦争をやめること、もし、新羅を攻撃するなら来年には出兵して、あなたの国を攻撃するでしょう」と、ありました。

蓋蘇文はそれに、「高句麗と新羅は前から怨みがあり、仲が悪い。かつて隋《ずい》の王朝が何度もわが国に侵入しましたが、新羅はその隙《すき》に乗じて高句麗の地を奪い、それらの地はぜんぶ新羅のものになっています。それらの土地や城を返還するのでなければ、この戦争をやめることはできない」と答えます。これに対して、玄奘は、「どうしていつまでも昔のことに拘っているのか」と諌《いさ》めましたが、蘇文はこれには従いませんでした。

唐からは、「寄らば大樹の陰」と、戦略も意欲もないと詰《なじ》られた新羅は、その年の九月、善徳王は金庾信を大将軍に任命し、兵を率いて百済を討伐させ、庾信の軍は大勝、百済の七城を奪取することに成功しました。しかし、翌六四五年、庾信が百済討伐から帰還して善徳王に報告をする前に、また百済の大軍が侵入、国境地帯を荒らしたので、再び王の命令で出陣、百済軍を撃破したのですが、またもや百済が侵入したとの知らせが届き、庾信は、家に立ち寄ることができず、出陣したのでした。この時、王は、「国の存続はすべてあなたにかかっているので、なにとぞ苦労を惜しまず苦難に立ち向かって下さい」と、懇願したといいます。

六四六年、唐は太宗自ら軍を率いて高句麗を討伐します。新羅はこれに呼応して三万の兵を出したのですが、その隙をついて百済が襲撃、西部の七城を奪い取ってしまいました。この頃、新羅は、国内的にも厄介な問題を抱えていました。といいますのも、前に述べたように、援軍の要請に出向いた使者に唐の太宗が、出兵にあたっては、「女性が国王では国は治まらない、いくら兵を出しても無駄になってしまう、代わりに唐の王族を新羅王として擁立してはどうか」という条件を出していたのです。

六四七年の正月、前の年に、貴族による合議機関のトップにあたる「上大等《じょうだいとう》」に任命された伊湌の毗曇《ひどん》は、「国王が女性ではこの危機的状況を打開できないから、即刻善徳女王には退位してもらう」と、廉宗《れんそう》らと挙兵したのです。しかし、このクーデターは春秋・庾信らの働きによって鎮圧、毗曇は誅殺《ちゅうさつ》され、連座した三〇人も殺されてしまいました。世にいう「毗曇・廉宗の乱」です。

その最中、正月八日に善徳王は薨去。混乱の中での弑逆か暗殺によるものか、失政がなかった女王だけにその死は気の毒なものでした。金春秋、金庾信らは再び女王真徳《しんとく》（在位六四七―六五四）を擁立、唐からは、前王に「光禄大夫《こうろくたいふ》」の称号が追贈《ついぞう》され、新女王は、柱国《ちゅうこく》として楽浪《らくろう》郡王に封じられました。その後も、百済は頻繁に新羅を攻撃、その度に庾信は苦戦を強いられますが、何とか切り抜けていました。

女王善徳王と真徳王

時は前後しますが、六三二年、第二十六代真平王が薨去すると、真平王に男子がなかったため、長女である善徳女王が擁立され、初めての女王が誕生しました。善徳女王は、寛容で仁徳があり、国民からは「聖祖皇妃」と呼ばれたといいます。当時新羅は高句麗と百済から度々攻撃を受けていたのですが、金春秋と金庾信という知将・勇将を信頼、彼らの助けを借りながら国を守り通しています。そのためには、唐への遣使を欠かさず、その度に特産物を献上、再三にわたって援軍を求めたことはすでに述べたところです。しかし、唐の太宗からは、女性が王になっているので、隣国から軽んじ侮られるのだといわれ、また、側近の毗曇、廉宗らからは、「女王ではよく国を治めることができない」と、二度も退位を迫られるなど、波乱の多い治世でした。

女性であることから善徳王の退位を迫った唐の要求を無視して、王位を継いだのは、またしても善徳王の従姉妹、真徳王《しんとく》（在位六四七―六五四）でした。身の丈七尺という長身の真徳王は、即位後ただちに反乱を企てた毗曇らを誅殺し、一方、善徳王に倣《なら》って唐への遣使・朝貢を怠ることなく、国の安寧を計ることに心を砕いています。

唐の高宗永徽《えいき》元年（六五〇）、百済の大軍を撃破したことを報告するため、金春秋の息子法敏《ほうびん》（後の文武王）を唐へ派遣、王自ら錦を織り、高宗の治世を称《たた》えた「五言太平頌《ごごんたいへいしょう》」を献上、その内容を大層喜んだ高宗は、法敏を太府卿《たいふけい》に抜擢したと、『三国史記』新羅本紀は伝えています。そしてこの年から、年号を、中国の年号永徽を採用するなど、唐との友好な関係維持のため尽力した功績は見逃せません。新羅で初めての二人の女王たちは、金春秋と金庾信という有能な部下にも恵まれ、女性が国を治めることに対する杞憂《きゆう》は、全く問題がなかったのです。

新羅からの遣日本使

問題は、この最中または直後のことです。金春秋は大難を処理したことで、目を再び海外へ向けたのです。その相手国は、先に述べましたように、何と倭国だったのです。『日本書紀』孝徳天皇大化二年（六四六）九月、「小徳〔冠位一二階の第二、従四位〕の高向《たかむくの》博士《はかせ》黒麻呂を新羅に遣わし、〔人〕質を貢〔進〕させた。とうとう任那《みまな》の調を廃した」という記事があります。そして翌大化三年（六四七）、『日本書紀』によりますと、

新羅が、上臣《まかりだろ》〔大臣〕大阿飡《だいあさん》〔一七位階の第五〕金春秋《こんしゅんしゅう》〔のち武烈王〕らを遣わして、博士で小徳の高向黒麻呂、小山中《しょうせんちゅう》〔天智三年の冠位二六階の一六位〕の中臣連押熊《おしくま》を送ってきて、孔雀《くじゃく》一羽、鸚鵡《おうむ》一羽を献〔上〕した。そこで春秋を〔人〕質とした。

また続けて、「春秋は姿や顔が美しく、よく談笑した」とあります。春秋の容姿の美しさ、弁舌の爽《さわ》やかなことは、『日本書紀』のほかにも、後で述べるように唐の太宗が、「その容姿がすぐれていたので、手厚くもてなした」（『三国史記』新羅本紀真徳王二年の条）と

あるように、四〇代後半の春秋が、美男で、おまけに人を魅了する話術を備えた人物であったことが分かります。

ところで、春秋に従って帰国した高向黒麻呂（玄理《くろまろ》）とは、どのような人物でしょうか。黒麻呂は百済からの渡来・帰化した学者の一族で、推古十六年（六〇八）、遣隋使小《お》野妹子《ののいもこ》に随行して隋に渡り、その後三〇年余を過ごし、舒明《じょめい》十二年（六四〇）、学問僧南《みな》淵請安《ぶちのしょうあん》らと帰国しています。帰国後は冠位一級を賜り、孝徳天皇大化元年（六四五）、旻《びん》法師とともに国学博士に任じられています。その彼が、なぜ、新羅へ遣わされたのでしょうか。

その一つは、このところの国際情勢悪化のなか、もともと仲が悪く、しっくりこない倭国と新羅の関係について意見を交換

新羅の位階（六世紀前半に成立）

新羅の位階（十七等）	
官　位　名	
一　等	伊伐飡（角干）
二　等	伊尺飡（翳飡）
三　等	迊飡（蘇判）
四　等	波珍飡（海干）
五　等	大阿飡（韓阿飡）
六　等	阿飡（阿尺干）
七　等	一吉飡（乙吉飡）
八　等	沙飡（薩飡）
九　等	級伐飡（級飡）
十　等	大奈麻（韓奈麻）
十一等	奈麻（奈末）
十二等	大舎（韓舎）
十三等	小舎（舎知）
十四等	吉士（稽知）
十五等	大烏（大烏知）
十六等	小烏（小烏知）
十七等	造位（先沮知）

し、正常な状態に戻すことに努《つと》めること、また、百済、高句麗、さらには、唐の情勢の分析と、それに関しての意見交換を行う、唐と百済が戦争状態になった場合の倭国の対応、新羅の中立または支援がありうるのか、新羅と倭国との関係の中での「任那の調《みつぎ》」、新羅からの人質の問題などについてではなかったかと、筆者は考えています。

ここで問題となったのが、倭国と新羅・百済との間で、朝貢とはやや違った「任那の調」です。もともと、『隋書』俀国《わこく》伝には、「新羅・百済は俀（国）を大国で珍しい物も多い国として敬仰し、つねに使者を往来させている」という関係にあったようです。

倭国に赴《おもむ》いた春秋は、難波《なにわ》の長柄《ながら》の豊碕宮《とよさきのみや》で孝徳天皇、中大兄皇子《なかのおおえの》（後の天智天皇）を交え、任那が実質上絶えて一〇〇年余経った現在、形式上新羅・百済による「任那の調」を廃止する。但し、倭国への人質は当分の間名目的にせよ継続する（これは倭国にとって対外的なプライド以上にはあまり意味はなく、出費がかさむばかりで、継続のメリットはありません）、倭国にとって、唐が百済に侵入すればそれを迎え撃つのが長年の同盟の証《あか》し、新羅を敵とするのではないこと、唐の今後の朝鮮半島政策などが、話し合われたものと思われます。倭国が名目だけを保ったように思われますが、とにかく、両国の信頼関係が結ばれたということになります。倭国の助力は期待できない、但し無謀な行動には打って出ないだろうという感触を得て、春秋は倭国を後にしたのでしょう。

金春秋は、この当時は大阿飡という官位でしたが、後に新羅第二十九代武烈王として即位していますので、倭国を訪れた最初の最高位の人物でした。

ところで、驚くべきことに、金春秋が倭国へ人質として来訪したことは、『三国史記』新羅本紀には一切記録がありません。削除されたのか、残されていません。この件に関して、『三国史記』新羅本紀に記述がないから、彼が倭国に来たことはなかったと考えている研究者が、日本にも朝鮮半島にもいるのです。

金春秋、唐に出兵を依頼

金春秋は、帰国後すぐに行動に移しました。高句麗は当てにする国ではないし、倭国は内紛が治まったばかりで、もともと百済との関係が深い。一方、新羅国内は、新国王のもと、国内は一体化した。今しかないと、春秋は国難を背に、一族全員の命運を、唐の太宗に捧げ、（唐の）百済侵攻を願い出ることにしたのです。倭国から帰国後の六四八年、金春秋と息子の法敏は唐に赴くことにしました。太宗は光禄卿《こうろくけい》の柳亨郊《りゅうこうきょう》を遣わし労をねぎらい、王都に到着した春秋の人並みすぐれたその容姿に心うたれ、手厚くもてなしたといいます。春秋は滞在中、国学（国の教育機関）で祭礼や講義・討論の現場の見学を申し出て許され、唐の文化に触れる機会が与えられました。また太宗自作の詩や「晋祠《しんし》（春秋時代の晉国の祖唐叔虞《とうしゅくぐ》を祀った祠）碑《ひ》」の銘文、新たに撰述した『晉書』を賜るということもありました。
ある時太宗が、ひそかに謁見して、多くの黄金や絹帛《けんぱく》を賜った時、「何か思うことがあるのではないか」と問いかけたので、春秋は跪《ひざまず》いて次のように述べたのです。

私の本国は海上はるかへだたったところにあります。〔新羅は〕多年にわたってひたすら天朝に仕えております。〔一方、近隣の〕百済は、強くて悪賢く、しばしば勝手に〔わが国を〕侵略します。まして、先年（善徳王十一年）は大挙して〔新羅領内〕奥深くまで侵入し、数十の城を攻めおとし、天子に拝謁するための路を塞《ふさ》いでしまいました。もし、陛下が〔配下の〕天兵を〔新羅に〕貸し、凶悪な〔百済の勢力を〕きり払わなければ、わが国の人民は、ことごとく〔百済に〕捕われてしまいます。そうすれば、〔新羅が〕朝貢し、政務を報告することも、また望めなくなります。

（『三国史記』新羅本紀）

太宗は、彼の意見に賛成し、願いを聞き入れて出兵を約束しました。そこで春秋は、新羅の礼服を改め、唐の制度に従いたいと、また、七人の子どもたちを天子の宿衛《しゅくえい》にさせることを申し出たところ、太宗はこれらを許したとあります。新羅が唐の服制をとり入れるということは、唐に従属することを意味します。春秋が帰国した翌六四九年正月から、新羅では、中国の衣冠が着用されることになりました。この直後、孝徳天皇白雉二年（六五一）、倭国を訪れた新羅使が唐服を着用していたのを知った朝廷は、いつもの衣服の習俗をかえたと叱嘖して追いかえしたと、『日本書紀』は伝えています。

武烈王（金春秋）即位

六五四年、真徳女王の薨去をうけ、金春秋は新羅王に即位します。すでに五十二歳になっていました。『三国史記』新羅本紀には、「王は容姿がすぐれていて、幼少のころから世を救おうとする意志があった」と、また、「人徳もあり、人望もきわめて高い人物は、春秋公をおいては外にはありません」という群臣らの熱意によって「やむをえず」王位についたとあります。

唐は、春秋の即位に際して使者を派遣し、天子からの旗印《はたじるし》を与えるとともに、王を冊《さく》命《めい》、開府儀同三司・新羅王としました。春秋が即位した翌年から、六六一年に死去するまでの間、新羅は、百済・高句麗と戦闘に明け暮れることになります。その指揮官として、新羅を守り抜いたのが武烈王《ぶれつおう》金春秋なのです。

六五五年正月、高句麗は百済や靺鞨《まっかつ》と連合を組み北方の国境地帯を侵略、三十三城を奪取。王は唐に援軍を要請。

三月、唐は程名振《ていめいしん》と蘇定方《そていほう》を派遣、高句麗を攻撃。

六五六年七月、王子の文王を唐へ派遣、朝貢。

六五九年四月、百済が度々国境を侵犯、王は唐へ使者を派遣、出兵を願い出た。

新羅の礼服を改め、唐の制度に従い、七人の子どもたちを天子の宿衛にさせ、新羅の年号を唐「永徽」の年号に変更するなど、さまざまな手を打って、唐の要求にこたえてきたのに、出兵の返事はなかなか届きませんでした。

そのことを憂《うれ》えて、朝元殿に坐していると、突然先に亡くなったはずの長春郎と羆郎《ひろう》によく似た人物が現れ、「昨日唐へ行って、皇帝が蘇定方らに命じて軍隊をひきいて来年五月に百済を討伐しに来る、王が、この報告を待ち望んでおられるので、報告にきた」と言い終わると、忽然《こつぜん》と消えたというのです。王は大変驚き、両家の子孫に褒賞《ほうしょう》を与え、厚遇したのはいうまでもありません。それほど王は、この戦いに神経をすり減らしていたのではないでしょうか。

六六〇年三月、唐の高宗は、蘇定方、金仁問、劉伯英《りゅうはくえい》らに水陸十三万の軍を率いて百済を討伐させた。新羅王には、兵を率いて唐軍を援助するように命じた。

五月二六日、王は庾信・真珠《しんじゅ》・天存《てんそん》らとともに兵を率いて王都を出発。

六月一八日、南川停（京畿道利川郡利川邑）に宿った。一方蘇定方は萊州《らい》（中国山東省烟《えん》台《たい》州掖《えき》県）を出発、蜒蜒《えんえん》千里にも及ぶ大船団を組み、海流に乗って東に向かった。

六月二一日、王は太子法敏を派遣、兵船百隻を従え、蘇定方を徳物《とくぶつ》島（京畿道富川郡徳積面徳積島）で迎えた。蘇定方が、「七月十日に百済王都の南で新羅軍と合流、義慈王のいる百済王都襲撃の計画」を告げると、法敏は、「王は、唐の大軍の到着を、〔今や遅し〕と待っていますので、この計画を聞いたら急いでやって来るでしょう」と伝えると、その言葉に喜んだ蘇定方は、法敏を新羅軍の本隊に送り返した。王は、法敏、大将軍金庾信、将軍品日《ひんじつ》・欽春《きんしゅん》らに命じ、精兵五万を率いて今突《きんとつ》城に軍を進めた。

七月九日、庾信らは黄山の原（忠南論山郡連山面）に進軍するも、百済の将軍が要害の地に三陣を構え待ち受けていたので、庾信らは三道に分かれて進んだが、四度戦っても成功せず、士卒《しそつ》の気力が尽き果てようとしたとき、将軍欽春と品日の息子たちが力戦奮闘、彼等が戦死したのを目にした全軍が奮起して進軍、百済軍は大敗した。一方唐軍は、伎伐《ぎばつ》浦《ほ》（忠南舒川郡長項邑あるいは同論山郡江景邑）に到着、ここで百済軍を迎撃、大敗させた。この戦いで蘇定方は、新羅の軍隊の到着が遅れたとして、将軍金文頴《ぶんえい》を斬ろうとしたところ、庾信は軍期におくれたというなら自分も同罪で新羅軍が辱《はずかし》めを受けることになる、それならば唐軍と戦いを決してから百済攻撃をするまでだと、鉞《まさかり》を杖に、怒髪天《どはつてん》を突き、宝剣を抜きおどりでた。その報告をうけた蘇定方は文頴を許したという一幕があった。

百済の王子が佐平覚伽《かくか》を派遣、撤兵を哀願。

百済、新羅に降伏

七月一二日、唐・新羅の連合軍は、義慈王の居城都城を包囲、所夫里《しょふり》の原に進出、庾信は蘇定方に四方の道からの攻撃を進言。百済の王子が生贄《いけにえ》を持たせた上佐平《じょうさへい》を派遣したが、蘇定方は受け付けなかった。さらに義慈王の庶子躬《しょしきゅう》が、佐平六人とともに降伏を願い出たが、これも追い返した。

七月一三日、義慈王は夜近臣だけを率いて遁走《とんそう》、熊津《ゆうしん》城に立て籠もった。義慈王の子隆《りゅう》は大佐平の千福《せんふく》らとともに降伏。法敏は、王子隆を馬前に跪《ひざまず》かせ、その顔面に唾を吐きかけ、二〇年前に斬殺された妹の恨みを晴らした。

七月一八日、義慈王は太子孝や熊津地区の軍隊を率いて降伏、武烈王はこの知らせを聞いた。

七月二九日、王は、今突城から所夫里城に入り、唐に戦勝を報告する使者を派遣。

八月二日、王は、蘇定方および諸将とともに、酒樽を抜いて将士らの労をねぎらった。その席で、義慈王と隆を侍《はべ》らせ、酒の酌《しゃく》をさせたのを見て、百済の群臣たちは声をあげて泣き、涙を流さない者はなかったという。

八月二六日、新羅軍は任存《にんぞん》の大柵を攻撃するも敵が多い上に地形が嶮阻《けんそ》で敗退。

九月三日、百済の残兵が頻繁に跋扈《ばっこ》しているので、唐の中郎将 劉仁願《りゅうじんがん》は一万の兵を率い泗沘《しひ》城（忠南扶餘郡扶餘邑）を鎮定することになる。武烈王の王子仁泰《じんたい》は、沙飡《ささん》の日原《にちげん》や級飡《きゅうさん》の吉那《きつな》とともに兵七千人を率いて彼の副将となった。

蘇定方は百済王および王族・重臣九三人、百済人一万二千人を率いて泗沘から船に乗って帰国。その後も百済の残党が反乱をおこし、それに呼応するもの二十余城にもなった。

九月二三日、唐の皇帝は、王文度《おうぶんたく》を派遣、熊津都督とした。二八日、武烈王は三年山城でこの辞令書を受け取った。

十月九日、武烈王は、太子法敏および諸軍を率いて尒礼《じれい》城を攻略、百済の二十余城はみな新羅軍に降服。

百済を降してホッとしたのもつかの間、今度は十一月一日、高句麗軍が七重城（京畿道坡州郡積城面）に侵攻、軍主が戦死しています。同月五日、武烈王は雞灘《けいたん》（扶餘邑北方の錦江）を渡り、王興寺岑《しん》城（忠南扶餘郡窺岩面蔚城山城か）を攻撃、勝利を収め、二二日、百済から凱旋《がいせん》して論功行賞《ろんこうこうしょう》を行いましたが、その際、百済の官人はすべてその才能を考慮して任用したといいます。

この時期（六五九―六六〇年）、新羅との攻防によって、百済が滅亡するまでを、『三国史記』百済本紀ではどのように伝えていたでしょうか。

「六五九年四月、将軍を派遣して、新羅の独山・桐岑の二城を攻めおとした」とありますが、六六〇年六月、蘇定方が十三万の兵を率い徳物島に到着、一方、武烈王が派遣した金庾信率いる五万の兵が合流したことを記しています。

この情報を聞いた義慈王は、出陣するか籠城《ろうじょう》するかを近臣に諮《はか》ったところ、出陣・籠城の意見が分かれたので義慈王は決断を下せず、罪を着て古馬彌知《こまみち》県に流されていた佐平の興首《こうしゅ》に人を遣わして意見を求めたところ、「平原や広野で対陣するならば、勝負はどうなるか分からない。白江《はくこう》と炭峴《たんけん》は我が国の要衝《ようしょう》で、勇士にこの地を守らせるのがよい。唐軍を白江に入れず、新羅軍に炭峴を通過させず籠城して固守し、敵軍の物資・食糧が尽き、兵士の疲れるのを待って攻撃するならば敵を破ることができるでしょう」と、進言したのです。しかし、近臣たちは、興首は長い間獄中にいたので、きっと王を恨んでいるのだから、彼の進言は信用できないと、白江に唐軍を入れ、新羅軍に炭峴を登らせ、両軍を襲撃すれば、「籠《かご》に入った鶏や網《あみ》にかかった魚を殺すようなものです」と、王に進言、王は彼らの意見に賛成したのでした。

その後の経過は、先に記したような結果となりましたが、敗北した王は、かつて酒色《しゅしょく》にふけり、快楽におぼれたことを厳しく諫めたことを怒って獄舎《ごくしゃ》につないだ佐平の成忠《せいちゅう》が、獄中で病死、臨終に際し王に上書した作戦と同じものであったことを思い出し、「成忠の言葉を採用しなかったことが悔やまれる」と嘆いたのでした。

百済陥落の報は、『日本書紀』斉明天皇六年（六六〇）九月五日に、

　百済が、達率《だちそち》（一六位階の第二）（名を欠く）、沙《さ》彌《み》覚従《かくじゅう》らを遣わし、来〔朝〕して、（或本はいう、逃げて来て難を告げた）「今年の七月に、新羅は、力を恃《たの》み勢《いきおい》を作って、隣〔百済〕と親しみはしませんでした。唐人を謀《はかりごと》に引きいれて、百済を転覆しました。君

も臣もみな俘〔虜〕となり、ほとんど生民はいません。（或本はいう、今年の七月一〇日、唐の蘇定法は、水軍をひきいて、尾資《びし》（百済王城の西南、錦江の河口か）の港に軍〔陣〕をはった。新羅王春秋智は、兵馬をひきいて怒受利山《ぬずりのむれ》（王城の東）に軍〔陣〕をはった。百済を挟み撃ちにして、相戦うこと三日。わが王城（泗沘城＝扶余）を陥れた。〔すなわち〕同月一三日、はじめて王城〔泗沘城〕は落ちた。怒受利山は、百済の東境である。）」。

と伝えています。

武烈王死去

百済を制圧した新羅でしたが、六六一年二月には、百済の残党が泗沘城を攻撃。そこで武烈王は救援に軍を派遣したのですが、一カ月たっても勝利することができず、四月十九日には敗退。これを知った王は大いに驚き、急遽救援軍を送りましたが敗退、帰還してきたので、王は諸将を敗戦の責任に応じて処罰しました。さらに、五月九日、高句麗と靺鞨が連合して述川城（京畿道驪川《りせん》郡驪川邑）を攻撃します。落城できなかったので北漢山城を攻撃してきたのですが、城主の冬陁川《とうたせん》は少人数ながら奮戦、食糧も尽き、気力もなくなった時、突然の落雷、激しい雷雨に恐れおののいた敵軍は退却します。武烈王は、冬陁川を賞め励まし、大奈麻《なま》に抜擢しました。

六月、武烈王が薨去、永敬寺の北に埋葬、太宗の称号を奉った。唐の高宗は薨去の報《しら》せを聞いて、洛陽の城門で、葬儀をおこなったと、『三国史記』新羅本紀は伝えています。

武烈王碑閣

第四章

百済最後の王、義慈王

——取り返しのつかない戦略ミス

新羅侵攻を繰り返す義慈王

『三国史記』百済本紀によれば、義慈王については冒頭、

義慈《ぎじ》王は武王の嫡男である。〔王の性格は〕雄壮・勇敢で、胆力と決断力とがあった。武王在位三十三年（六三二）に太子となった。〔王は〕親に仕えて孝行で、兄弟とは仲がよかったので、当時〔の人〕は〔王を〕海東の曾子《そうし》とよんだ。武王が薨去したので、太子が〔王〕位をついだ。

〔唐の〕太宗は、祠部《しぶ》郎中の鄭文表《ていぶんひょう》を派遣して、〔王を〕冊命《さくめい》して、柱国・帯方郡王・百済《ひゃくさい》王とした。

秋八月、使者を唐に派遣し、〔冊命に対する〕謝意をあらわすとともに、土産物を献上した。

と王位のスタートを記しています。ところが義慈王の在位二十年弱は好戦的で軽挙《けいきょ》な行動が目立ち、唐の勧告・警告さえも無視して、新羅との戦いを懲《こ》りずに続け、自らの王家

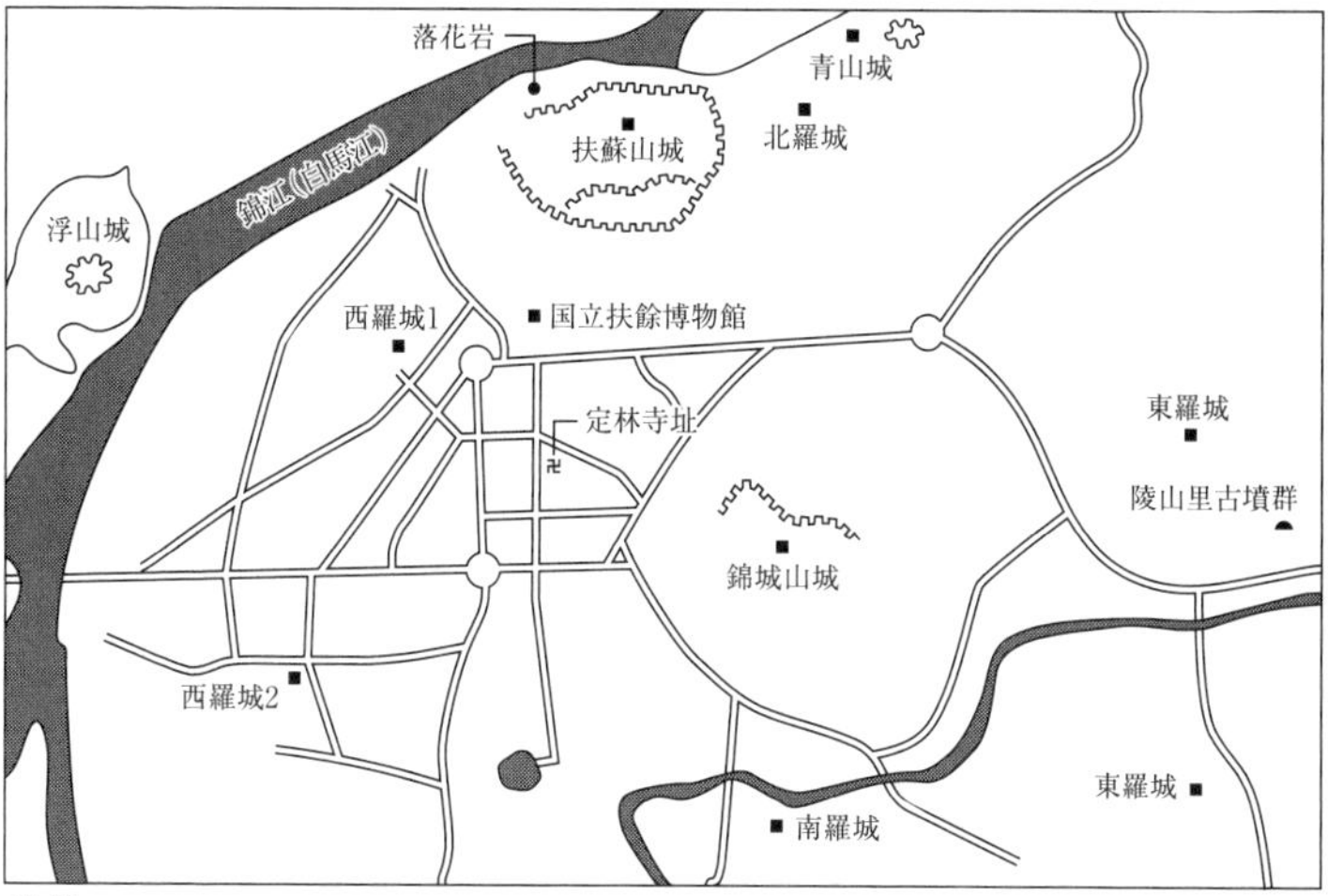

扶餘
森浩一監修 東潮、田中俊明編著『韓国の古代遺跡２』（中央公論社）を参考に作成

を滅亡させてしまうのです。

百済は、平壌から南下する高句麗に四七五年大敗を喫し、漢城（ソウル漢江南岸）を失い、熊津（公州）、そして扶餘（泗沘）へと南遷を余儀なくされます。一方、大陸では政治的地殻変動で、小国群立（五胡十六国）から統一国家（隋・唐）が成立します。これと連動して高句麗が大陸国家の牽《けん》制《せい》を受け、朝鮮半島南下の動きが弱まってきます。この隙を突いて新羅が漢江周辺に進出し、新州を設置すると同時に、黄海への出入り口を確保したのです。これは新羅にとっては建国以来の悲願達成で、大陸王朝との直接の朝貢・交易ルートが確立されることになったのです。

こうして百済は実質上、北部を新羅にお

さえられてしまったのですが、たまたま全羅南道・慶尚南道の海岸沿いに余命を保ち、倭国の影響下にあった任那の諸国が、当時の倭国本土の政治の混乱、ひいては国力の低下によって離反し、百済・新羅の好餌《こうじ》になったということで、南部に領土を拡大できたという僥倖《ぎょうこう》に恵まれたのでした。このようなことで、領土的には旧来の規模を保つことができ、新羅に対抗したのです。

それにしても義慈王は、懲《こ》りずに新羅進攻を繰り返します。これは、新羅のほうが国土的に太白山脈・小白山脈を抱えた山地・台地が多く、農業生産も、人口数などでも百済をしのぐことができなかったと見るほうが、正しいのではないかと、筆者は考えます。

義慈王は、即位すると、

義慈王二年（六四二）

正月、唐に遣使、朝貢。

七月、新羅に親征、獼猴《びこう》城など四十余城を下す。

八月、将軍允忠《いんちゅう》に一万の兵をあずけ、新羅の大耶《だいや》城（旧任那の一国）を攻略、城主品釈《ひんしゃく》夫妻は降服を申し出るも許されず、斬首。城主品釈の夫人は新羅の重鎮金春秋の実娘だったことから、春秋に深い恨みをいだかせることに。

義慈王三年（六四三）

正月、唐に遣使、朝貢。

十一月、王は新羅の唐への朝貢ルートを塞《ふさ》ぐため、高句麗と和睦《わぼく》をはかり、新羅の党項《とうこう》城（京畿道華城郡）を攻略させたが、新羅が唐に訴えたため軍を引き揚げさせた。

義慈王四年（六四四）

正月、唐に遣使、朝貢。唐の太宗は司農丞《しのうじょう》の相里玄奘《そうりげんしょう》を派遣、百済と新羅の両国を告《こく》諭《ゆ》、王は上表文を奉って陳謝。王子の隆を太子とした。

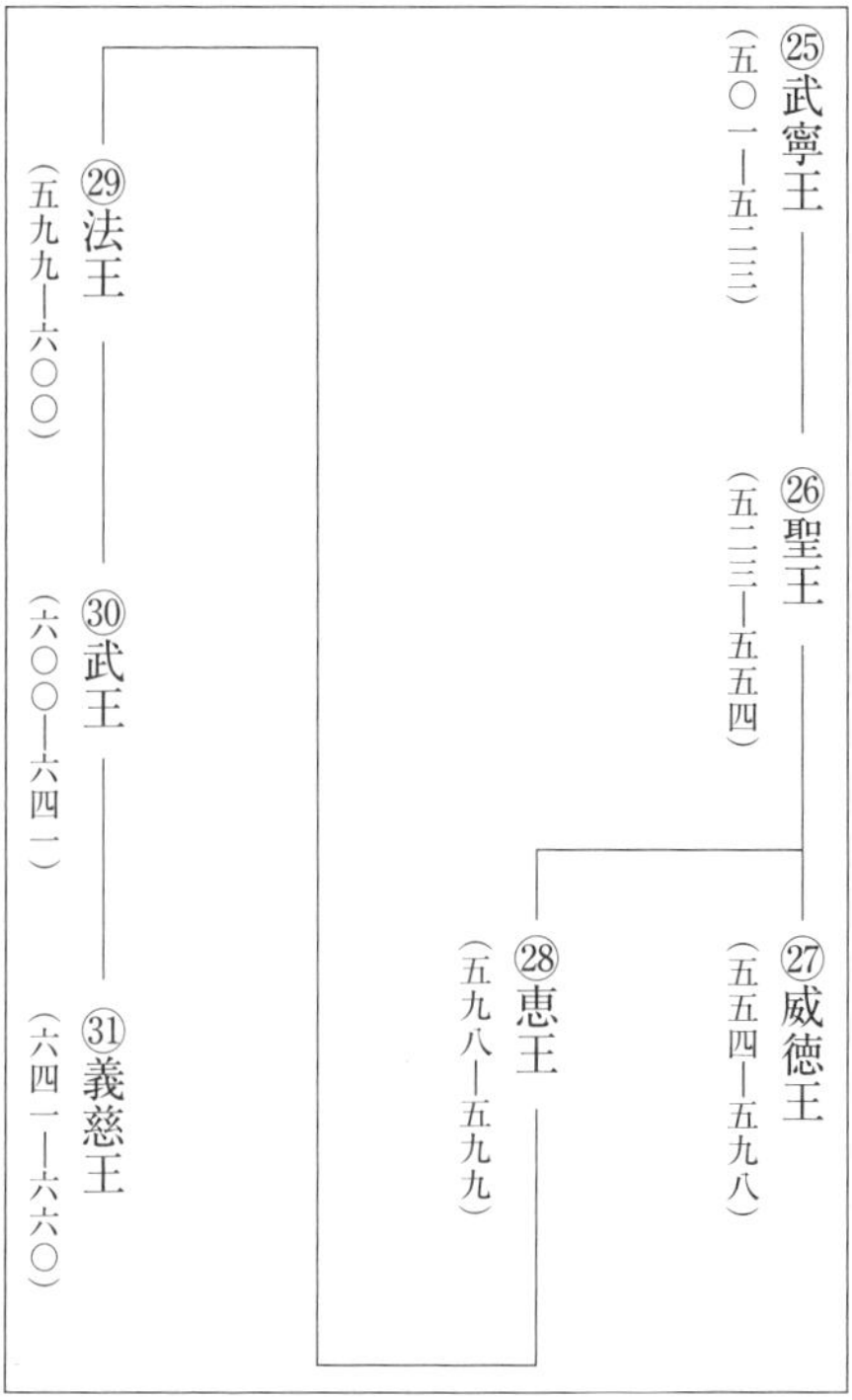

百済王家系図（武寧王―義慈王）

ここで問題となるのは、倭国に人質として派遣された「扶余豊璋《ふよほうしょう》」の系図上の地位です。倭国への入国は六三一年と六四一年の二説があります。また豊璋は義慈王の長子《ちょうし》で、六四一年に倭に人質としてやってきたのか、このため次子の隆を太子とせざるをえなかったのか、詳細に関しては後述しますが、このあたり、百済王家の系図には不審な点が多い上に、義慈王自身、四十数人の子女をもうけているといわれ、本当の太子は誰なのか、正しいと思われる王室の系譜は、判明していません。

義慈王五年（六四五）

この年、倭国では皇極天皇四年（大化元年）六月十二日、大極殿《だいごくでん》で天皇の面前、三韓の上表文が読み上げられる中、中大兄皇子《なかのおおえのおうじ》・中臣鎌足《なかとみのかまたり》らによる蘇我入鹿《そがのいるか》暗殺のクーデターが敢行《かんこう》された。入鹿の父蝦夷《えみし》も翌日誅殺《ちゅうさつ》され、蘇我氏専横《せんおう》の時代は終焉《しゅうえん》、新時代がスタートト、改革が進められた。

五月、王は（唐の）太宗が自ら高句麗を征伐するため、新羅に出兵させたのを聞き、その間隙《かんげき》に乗じて、新羅の七城を襲い取った。

義慈王七年（六四七）

十月、将軍義直《ぎちょく》が歩兵と騎兵の三千人を率いて新羅の茂山城《もざん》（全北茂朱郡茂豊面）下に進出・駐屯、二手に分かれて甘勿《かんこつ》（慶北金陵郡甘文面か）・桐岑《とうしん》の二城を攻撃。新羅の将軍金庾信は、自ら兵士を激励し、決死の覚悟で戦い、百済軍を撃破、義直は単騎で逃げ帰った。

義慈王八年（六四八）

三月、義直は新羅の西部国境の腰車城《ようしゃ》など十余城を奪取。

四月、義直は、軍隊を玉門谷《ぎょくもんこく》（慶北月城郡西面）まで進めたが、金庾信が迎撃、百済軍を大敗させた。

義慈王九年（六四九）

八月、王は左将の殷相《いんそう》に精鋭な兵七千人を率いて、新羅の石吐《せきと》城など七城を攻撃させた。新羅側は金庾信・陳春《ちんしゅん》・天存《てんそん》・竹旨《ちくし》らが迎撃、敗退したが道薩《どうさつ》城（忠北槐山郡槐山面）で陣形を整え再戦、百済軍は敗北した。

新羅を甘く見た義慈王

義慈王十一年（六五一）

使者を唐に派遣、朝貢。使者が帰国する際、高宗は爾書《じしょ》（親勅）を与え、百済王を次のように諭《さと》した。

『三国史記』百済本記には、

東海の三国は建国が古く、境界が並びつらなり、〔それぞれの〕領地がまるで犬牙《けんが》〔のように入りくん〕でいる。近代になって、ついに不和となり、戦争がしきりに起こり、ほとんど平和な歳がなかった。その結果、三韓の民の命を俎板《まないた》にのせ〔るような不安におとしいれ〕、戈《ほこ》を用いて憤懣《ふんまん》をほしいままにする日々がつづいている。朕は天に代って〔万〕物をおさめ〔ているので、このことを〕深くあわれにおもう。

昨年、高句麗・新羅などの使者が、あいついで入朝して来たので、朕はこの讎《あだ》や怨《うらみ》をときさらに親睦を深めるよう命じた。新羅の使者金法敏《きんほうびん》（後の文武王）が奏上していうには、

高句麗と百済《ひゃくさい》は唇《くちびる》と歯のように互いに依存し、ついに、武器をとって交互に〔わが国を〕侵略するようになりました。〔わが国の〕大城や重鎮があいついで百済の併合するところとなり、領土は日々にせばまり、国威や国力がともに衰えてしまいました。どうか、百済に詔して、侵略した城をかえさせてください。もし、詔を奉じないようなら、そのときは、わが国が出兵して〔これらの城を〕打ち取ります。ただし、〔百済に奪われた〕旧地を奪回すれば、すぐさま和平を求めようと思います。

と。朕はその言葉が道理にかなっているので、〔申し出を〕許さないわけにはいかない。むかし、斉《せい》の桓公《かんこう》は、諸侯でありながら、なお亡びようとする国を〔たすけて〕存続させた〔という〕。まして朕は万国の主であるから、どうして危急にさらされている藩国（新羅）をあわれまずにはおれようか。王が兼併した新羅の城は、すべてその本国に還《かえ》すのがよろしい。新羅が奪い取った百済の捕虜もまた王に還させましょう。そうしたのちに、患《うれい》をとき、紛糾を解決し、兵器をおさめ、武器をしまうならば、百姓は〔重荷をおろし〕肩をやすめたいという願いをかなえ、三蕃《ばん》（三国）は戦争の苦労がなくなります。〔このことを〕辺亭（辺地の宿駅）で血を流し、屍《しかばね》を国境地帯に積みあげ、〔国内では〕農耕も機織もすべて止め、士女が安心できないでいるのにくらべるならば、どうして、〔両者を〕同じように語ることができようか、王がもし天子の命令に従わないならば、朕はすでに法敏の要請によって、法敏が王と決戦するのにまかせておこう。また、高句麗に誓わせて、遠く〔百済を〕救援させないようにした。高句麗がもし勅命を受けいれないならば、ただちに契丹《きったん》などの諸藩〔屛国〕に命じて、遼《りょう》〔河〕を渡り、〔高句麗領内に〕深く侵入し、掠奪《りゃくだつ》させよう。王は朕の言葉を深く考え、自ら多福を求め、良策を検討し、後悔しないようにしなさい。

といった。

義慈王十二年（六五二）
正月、従者を唐に派遣、朝貢。

前年の唐の高宗から極めて深刻な爾書に対し、百済はどのように応《こた》えたのでしょうか。例年の通り遣使・朝貢を繰り返すばかりで、何も対処していません。筆者が思い起こすのは、前漢武帝による衛氏《えいし》朝鮮征伐、魏の将軍司馬懿《しばい》による公孫氏《こうそんし》の滅亡です。それぞれ紀元前一〇八年、紀元後二三八年のことですが、いずれも黄海を渡られ、襄陽《じょうよう》、平壌の首都は全滅させられています。

これらの歴史的事実から目を背《そむ》けたのか、自国だけは大丈夫と勝手に思っていたのか、いずれにせよ、敵（新羅）を甘く見ていたということは、間違いありません。因みに武寧王から武王までに大陸王朝への遣使・朝貢の回数を調べてみました。

武寧王（在位五〇一―五二三）梁に二回
聖王（在位五二三―五五四）梁に三回
威徳王（在位五五四―五九八）北斉に一回、陳に四回、北周に二回、隋に四回
武王（在位六〇〇―六四一）隋に三回、唐に十三回

となります。これらの回数は、『三国史記』百済本紀によるものですが、そのほとんど

が大陸王朝側の記録によるもので、『三国史記』の編纂者が、一二四五年の発刊に先立って、大陸王朝側の『梁書』『陳書』『周書』『隋書』『旧唐書《くとうじょ》』『新唐書』『資治通鑑《しじつがん》』『冊府《さっぷ》元亀《げんき》』によって抜き出したものです。それはともかく、一四〇年間で三二回にも上る朝貢です。朝貢さえしていれば何とかしてくれるのではないかといった、安易な甘えがあったのではないでしょうか。

大陸王朝の梁、北斉、北周、陳は、隋による統一、それを受けての唐とは全く違い、南北朝時代の一つであり、天下を支配する統一国家であることを認識できなかったのではないか、もう一つは、倭国の存在を軽視したのか、介入を嫌ったのか、古くから頼りにしてきた倭国への働きかけ、具体的には軍事援助の要請をしなかったことは、戦略的に欠陥があったと思わざるをえません。

『日本書紀』が伝える三国と倭国の関係

そしていよいよ、百済王家最後の王、義慈王と倭国との関係ですが、『日本書紀』によりますと、

六四二年（皇極元年）

正月、欽明天皇崩御の弔使　大佐平《だいさへい》智積《ちしゃく》及び子の達率《だちそち》（名を欠く）、恩率が筑紫に到着。百済国は、いま大いに乱れていると報告。

八月十三日、百済の質の、達率長福に、小徳〔冠位十二階の二位、従四位〕を授けた。

六四三年（皇極二年）

三月、難波の百済客の館火災。

六月、百済国調使難波に到着。大使は達率自斯《じし》、副使は恩率軍善。この使節の持参した調は、質・量ともに前例と違ったので、その理由を大夫から咎《とが》められ、再提出を約束。なお、自斯は、人質達率武士《むし》の子。

六四五年（大化元年）

七月、高句麗、百済、新羅がともに遣使、調を進《たてまつ》った。百済の調使は任那使を兼ね、任那の調を進った。京では、巨勢徳太臣が高句麗使に対して、「明神御宇日本天皇《あきつかみとしててんかをおさめた》の詔旨は、天皇の遣わす使と、高麗の神の子の遣わし奉る使とは、過去が短くて、将来のほうが長い。このゆえに、温和の心で、ただただ継承して往来すべきである」と詔旨を伝えた。また、百済使には、「明神御宇日本天皇の詔旨は、始め、我が遠皇祖《とおつみおや》の世に、百済国を内官家《うちつみやけ》としたのは、たとえていえば三紋《みつより》の綱のようなものだ。中ごろ、任那国を百済に属させた。後には、三輪栗隈君《くるくま》東人《あずまひと》を遣わして、任那国の堺を観察した。このゆえに、百済王は勅に随い、ことごとくその堺を示した。しかるに調が欠けることがあった。そこで、その調を返却した。任那の出した物は、天皇が明らかに覧《み》るところだ。今から以後、具〔体的〕に国〔名〕と〔その〕出した調と題〔見出しを〕つけるがよい」などと詔《みことのり》した。

六四六年（大化二年）
二月、高句麗、百済、任那、新羅は遣使、調賦を貢献。
六四七年（大化三年）
正月、高句麗と新羅が遣使、調賦を貢献。
この年、新羅は、大阿湌金春秋（後の武烈王）らを遣わし、孔雀一羽、鸚鵡《おうむ》一羽を献上。
六四八年（大化四年）
新羅が調貢。
六四九年（大化五年）
新羅王、沙湌《ささん》金多遂《たすい》を遣わし、人質とした。従者三七人。
六五〇年（白雉元年）
四月、新羅遣使、朝貢。（或る本では、この天皇の世には、高句麗、百済、新羅の三国は毎

年遣使、朝貢していた）
六五一年（白雉二年）
六月、百済、新羅遣使、貢献。
六五二年（白雉三年）
四月、新羅・百済が遣使、貢献。
六五三年（白雉四年）
六月、新羅・百済が遣使、調を貢献。
六五四年（白雉五年）
七月、百済・新羅朝貢（遣唐使吉士長丹《ながに》らの帰国に同道）。
この年、高句麗、百済、新羅が遣使して弔い奉った。
六五五年（斉明元年）
七月、百済の大使達率余宜受《よげず》、副使恩率調信仁《ちょうしんに》ら調使一五〇人に宴をもうけた。
この年、高句麗、百済、新羅遣使、朝貢。新羅は及飡《きゅうさん》彌武《みむ》を人質とした（彌武は病死）。
六五六年（斉明二年）
この年、飛鳥岡本に宮を定め、高句麗、百済、新羅がともに遣使、朝貢、この宮地で饗応した。

義慈王最後の防衛戦

この年（六五六）から丸三年間、百済からの朝貢は途絶え、次の使いは斉明六年（六六〇）となりますが、事態は急変、百済滅亡の報告だったのです。その報告の内容は、すでに述べた通りです。百済から逃亡した使者の報告に先立って、高句麗の僧沙門道顕《さもんどうけん》が記した「日本世記《にほんせいき》」に、「七月、云々。春秋《しゅんしゅう》（新羅王武烈の諱《いみな》）智は、（唐の）大将軍蘇定方の手を借り、百済を挟撃して亡ぼした。或はいう、百済はおのずと亡びた。君《こきし》（義慈王）の大夫人《はしかし》（恩古か）の妖女が無道で、国権をほしいままにし、賢良（の臣）を誅殺したので、この禍《わざわい》をまねいた。つつしまなくてはならないことである」と、伝えています。

聖徳太子が、高句麗僧慧慈《えじ》を師として仰いでいたことはよく知られていることですが、高句麗僧の来訪は相次ぎ、倭国からも多くの僧が高句麗に赴き、修行をつんでいます。よく知られているのは、推古四年（五九六）の法興寺《ほうこう》（飛鳥寺）の落成に、慧慈と慧聡《えそう》の二僧が始めて寺に住んだこと、また、推古十三年（六〇五）、高句麗の王大興王（嬰陽王、在位五九〇―六一八）が、天皇が仏像を造ると聞き、黄金三〇〇両を貢上したことなどが挙げられます。このような、仏教を通じての高句麗と倭国の交流は長く、「日本世記」の記事が『日本書紀』に引用されていることからも、その一端が窺えます。

結局のところ百済は、国家・王家としての機能は果たせずに、唐と新羅の両軍の前で自滅してしまったことが、この『日本書紀』の記事からも分かります。一方、義慈王の在位十二年以降の治世の実態はどのようだったのでしょうか。『三国史記』百済本紀から拾ってみましょう。

義慈王十二年（六五二）

正月、使者を唐に派遣、朝貢。

義慈王十三年（六五三）

八月、王は倭国と国交を結んだ。

『日本書紀』には、これに関する記事はありません。倭国への人質、余豊璋の派遣は六三一年、または六四一年のことですから、意味不明の記事といえましょう。

義慈王十五年（六五五）

八月、王は高句麗・靺鞨とともに新羅の三十余城を攻め破った。新羅王の金春秋（太宗武烈王）が使者を唐に朝貢させ、上表して、百済と高句麗・靺鞨とが、わが（新羅）北方の国境地帯を侵略し、三〇余城を失ったと申しでた。

義慈王十六年（六五六）

三月、王は宮廷の家臣と酒色にふけり、快楽におぼれ、酒をやむことなく飲んでいたので佐平の成忠（浄忠《じょうちゅう》ともいう）がきびしく諫《いさ》めたが、王は怒って彼を獄舎につないでしまった。

このことがあってから、諫言《かんげん》するものがいなくなったといいます。成忠は獄中で病死、臨終の際に、「忠臣は死んでも君のことは忘れません。一言申しあげて死にたいと思います。私はつねに時勢をみ、その変化を推察し〔ていますが、近いうちに〕必ず戦争がおこるでしょう。そもそも、用兵には必ずその地を慎重に選択しなければなりません。〔戦闘では〕上流にいて敵をひきいれたのち〔戦えば〕、完全に〔勝利を〕おさめることができるでしょう。もし外国の軍隊が来襲してくるならば、陸路では沈峴《ちんけん》を通過させてはいけません。水軍は伎伐浦《ぎばつほ》の岸に入れてはいけません。その険しくせまい〔地形〕に拠って、〔敵軍を〕防ぐならば、あとのことはうまくいくでしょう」と上申したのですが、王はそれをかえりみなかったとあります。後に新羅に敗れた王が「成忠の言葉を採用しなかったのが悔まれる」と嘆いたことはすでに述べたとおりです。

成忠の話は出来過ぎのように窺えますが、義慈王が最後の防衛戦略を誤ったのは事実ですし、四十余人の子女をもうけていますが、王子たちの長幼の順序もよく分かりません。倭国へ人質に出した王子余豊璋は、筆者は長子と考えていますが、倭国と百済の関係を保つための役割を彼には与えていません。司馬遼太郎も触れているように、百済の仏教界は当時乱れていて、王室の関係者が関与していたようです。いよいよ百済の命運も尽きかけ、義慈王十七年（六五七）から二十年（六六〇）の『三国史記』百済本紀には、「宮中に狐が跋扈《ばっこ》した、錦江に大魚の死骸が浮かび上がった、夜中に鬼《き》が路地で哭《な》いた」等々、不吉な現象が数多く記載されています。義慈王十九年（六五九）、最後の力を出し、新羅の独山・桐岑の二城を攻め落としています。これが百済の最後の有様です。

そして、義慈王二十年（六六〇）、唐軍の侵攻です。戦闘の状況は以下のようでした。

唐の高宗は、蘇定方を神丘《しんきゅう》道行大摠管とし、劉伯英《りゅうはくえい》・馮士貴《ふうしき》・龐孝公《ほうこうこう》を率い、十三万の軍隊で遠征。新羅王金春秋を、嵎夷《ぐうい》道行軍摠管とし、その軍隊を率いて合流。蘇定方の軍隊は中国山東省の城山から出発、海を越えて徳物島に到着、一方金春秋は五万の兵を率いた将軍金庾信を徳物島に派遣したのでした。

その後の戦況での義慈王の優柔不断な戦略ミスによる敗北はすでに述べた通りです。蘇

新羅・唐軍の百済侵攻
韓国教員大学歴史教育科著『韓国歴史地図』（平凡社）を参考に作成

定方の軍は泗沘城を包囲、義慈王の次男泰《たい》は自立して王となり、多くの人々を率いて王城を固守したのですが、太子隆（孝）の息子文思《ぶんし》は、「王と太子が城を出たのに、叔父の泰が勝手に王になった。もし唐軍が王城の包囲を解いて退却したならば、我々はどうして無事でいられようか」といい、近臣を率いて城を脱出、多くの人々が彼に従ったので、王子の泰はそれを止めることができなかったといいます。

蘇定方の軍に包囲された泰は城門を開き、命ごいをして降伏、また、義慈王と太子隆も降伏、王と太子、王子の泰・隆・演及び大臣・将軍・大勢の農民らは、唐の都に送還されたのでした。

第五章 白村江の戦い㈠
——百済再興に賭けた人々

百済からの突然の特使

斉明六年（六六〇）九月五日、百済からの突然の特使が、百済滅亡の知らせを伝えたことは、すでに述べましたが、その年の冬十月、百済の佐平鬼室福信《きしつふくしん》は、佐平貴智《きち》らを倭国に派遣、唐の俘虜《ふりょ》一〇〇余人を献上したことが、『日本書紀』に記されています。

それと同時に、援軍と救援を要請したとあります。そして、唐人が百済の外敵である新羅を率いて来襲《らいしゅう》、国境を侵し、国を転覆させ、義慈王はじめその妻恩古《おんこ》、その子ら、また君臣らおよそ五十余人が俘虜となって、蘇定方《そていほう》の軍によって唐に連れ去られてしまいました。しかし、百済国は、はるか天皇がお護りくださるお気持ちを頼りに、散り散りになった軍隊を糾合《きゅうごう》、国を形成しました。今、切にお願い申し上げますのは、朝廷に人質として遣わしています、百済国の王子豊璋《せしむほうしょう》を国王としてお迎えしたいのですと、願い出たのでした。

この要請に対して、朝廷はどのような討議をし、結論を出したのでしょうか。まず、古来、百済に対しては、宗主国として対応してきたという、強い矜持《きょうじ》と義務感が挙げられます。それに対して肝心の百済王家からの情報提供の欠如、加えて倭国自体、唐・新羅・百済・高句麗とは左表のように交流を重ねていたのですから、事態の急変を知らなかったとは、やや怠慢だったといわざるをえません。

斉明天皇、百済救援を決意

また、これまで誰も指摘していないことなのですが、斉明天皇の脳裏《のうり》をよぎったのは、自分の代で朝鮮半島での倭国の権益《けんえき》・拠点を失うことは、神功皇后に対して申し訳が立たないという思いでした。大和朝廷の朝鮮半島への思い入れ、それが神功皇后から始まっていることは、『続日本紀《しょくにほんぎ》』の、孝謙《こうけん》天皇の天平《てんぴょう》勝宝《しょうほう》四年（七五二）の、新羅使を迎えての所《しょ》感《かん》、淳仁《じゅんにん》天皇の天平宝字《てんぴょうほうじ》三年（七五九）の新羅征討計画の記事からも明らかです。

倭国→新羅	十九回
倭国→高句麗	六回
倭国→百済	二十七回
倭国→任那	十七回
倭国→呉	三回
倭国→隋	二回
倭国→唐	八回
倭国←新羅	六十回
倭国←高句麗	二十五回
倭国←百済	五十五回
倭国←任那	十回
倭国←耽羅	九回
倭国←呉	三回
倭国←隋	一回
倭国←唐	六回

倭国が受け入れた使節団と倭国から派遣された使節団（300－697年）

孝謙天皇（天平勝宝四年）

六月一七日、この日、新羅の使者を朝堂によんで饗宴し、天皇は次のように詔した。

新羅の国が朝廷に供奉するのは、気長足媛《おきながたらしひめ》皇太后（神功皇后）がかの国を平定した時以来、今に至るまで、ずっとわが国を守る垣根の役を果してくれた。ところが、前国王の承慶《しょうきょう》（孝成生）や大夫の思恭《しきょう》らは言行が怠慢で、常に守るべき礼儀を失ってきた。そこで使者を派遣して、罪を責めようと思っている間に、今度、新羅王の軒英《けんえい》（承慶の弟。景徳王）は以前の過ちを悔いて、みずから来朝したいとこいねがったが、国政を顧みなければならぬので、そのため王子泰廉を遣わして代りに入朝させ、兼ねて御調を貢進するという。朕はこれを聞き大へん嬉しくよろこばしく、使者に位をおくり物を賜わる。

また、次のようにも詔した。

「これから後は、国王がみずから来朝して、直接ことばで奏上するように。もし代りの人を派遣して入朝するのであれば、必ず上奏文を持参するように」と。

淳仁天皇（天平宝字三年）

六月一八日、大宰府に行軍式《こうぐんしき》（軍事行動に関する規程）を作らせた。新羅《しらぎ》を討《う》とうとするためである。

八月六日、大宰帥《だざいのそち》・三品《ぼん》の船親王を香椎廟《かしいびょう》（香椎宮。仲哀天皇を祀る）に遣わして、新羅を伐つ事情を奏上させた。

香椎宮は、仲哀天皇、神功皇后の宮都であり、現在も新羅征討時（四六二―四六四年）の大本営跡が祀られています。百済からの使者の報告を聞いた斉明天皇は、次のように詔して、百済救援を決意したのでした。

仲哀天皇大本営跡

百済が「〔援〕軍を乞い救〔援〕を請うことは、昔も聞いたことがある。危〔難〕を助け〔断〕絶を継ぐことは、常の典にあらわれている。百済国は本土が失われ乱れ、依るところもなく告げるところもないので、こまりはてて来て我に身をよせたのである。戈を枕にし胆をなめていた。かならず救えと、遠く来って奏言した。志はとても奪うことはできない。将軍にそれぞれ命じて、百道をともに進むべきである。雲が会い雷が動くように、ともに沙喙《さたく》〔新羅の六部の一〕に集まって、その悪賊を斬り、その困苦をゆるめよ。有司は、〔豊璋のために〕かけることなく万端ととのえ、礼をもって発遣せよ」といったと、『日本書紀』斉明天皇六年十月の条にあります。

その年の十二月二四日、福信の願いに応《こた》えて、斉明天皇は、救援軍を派遣することを決意、難波の宮に行幸《ぎょうこう》、ここで兵器などを集めるなどの準備をし、筑紫に行幸することにしたのです。ところが、準備をしている最中に、駿河の国で造った船が舳艫《じくろ》ともに反《そ》ったり、科野《しなの》の国では蝿《はえ》が群がって西に向かい、その大きさは十人で囲むほどだったといった不吉な前兆《ぜんちょう》が記されています。斉明天皇が崩御する前年六六〇年のことでした。

救援軍の出発

斉明天皇七年〔六六一〕春正月六日、御座船《ござぶね》は西征《せいせい》、大伯《おおく》〔岡山県瀬戸内市邑久町《おくちょう》〕から伊予の熟田津《にきたつ》〔松山市辺〕の石湯《いわゆ》〔道後温泉〕の行宮《あんぐう》に寄港しました。筆者はこれまで何度か松山を訪れたことがありましたが、特に熟田津を目的とはしていなかったので、熟田津に関しては詳しく知りませんでした。今回白村江の戦いについて執筆するにあたり、改めてこの地を訪れてみました。なぜならば、倭国の水軍が寄港した熟田津は、瀬戸内海のほぼ中央に位置し、当時は要衝の地だったからです。

熟田津の地に比定される場所は松山市内には三カ所ありますが、その中では、やはり三《み》津浜《つはま》が最有力地ではないかと考えています。三津浜は、対岸に細長い興居島《こごしま》が横たわっていて、大船団、少なくとも二〇〇―四〇〇艘の船が停泊可能であったのではないでしょうか。熟田津に倭国の水軍が二カ月ほどこの地に滞在したと『日本書紀』にありますが、その間、南海道および瀬戸内諸国に兵員の徴用と兵糧調達を行い、船団としての規模と内容を拡大させていったのです。

斉明天皇が道後の湯に入湯したことは『日本書紀』にも記されていますが、道後の石湯の行宮、また近くの久米官衙《くめかんが》、後の国府に滞在したのか詳《つまび》らかではありません。しかし、その規模から考えて久米官衙から度々道後の仮の行宮に通ったのではないかと思われます。伊予の国衙《こくが》（国府）は、現在の松山城の東南、国道十一号線沿いにある久米官衙遺跡とそれに隣接した来住廃寺《きしはいじ》跡周辺に置かれていました。ここは現在、政庁、正倉院、周辺の遺構などが発掘されつつあり、国府が置かれた地だったのです。

ところで、時代は二〇〇年ほど遡った允恭天皇の時代、允恭天皇の太子木梨軽《きなしのかる》皇子と同母妹の軽大郎《かるのおおいらつめ》皇女との近親相姦《きんしんそうかん》という大スキャンダルがあり、『日本書紀』では皇女は伊予に流され、太子もこの地に流されたという説があります。地元の人の話では、実は皇子は飛鳥の地で殺害され、遺骨と遺髪がこの地に運ばれたというのではないかということでした。松山市姫原《ひめはら》に、軽太子と軽大郎を祀った軽之神社があり、そこには小さなお宮と室町時代に建てられた比翼《ひよく》塚、奥には墓の跡と見られるこんもりとした森が広がっていて、悲劇の皇子と皇女を偲《しの》ぶ場所となっています。

熟田津に二カ月ほど滞在して、朝廷の軍船は御座船を中心に、天皇、中大兄皇子、大《おお》海人《あまの》皇子（後の天武天皇）、それに各皇妃と額田王《ぬかたのおおきみ》、朝廷の関係者がほとんど同道した大編成の部隊は、額田王の、

熟田津に船乗りせむと月待てば
潮もかなひぬ　今はこぎいでな

という歌を残して、次の寄港地那《な》の津（博多）へと向かったのでした。額田王のこの歌に関して、「松山百点」という松山百点会会報誌第三二八号（えひめリビング新聞社）に、竹田美喜・松山市立子規記念博物館館長は、「ニキタツニ……」の「ニキ」の音は「神の穏《おだや》かな魂」という特別な意味があり、熟田津は良き神霊を宿す「ニキ」を名に持つ港で、額田王は最初の「ニキタツ」という五文字で船団を覆《おお》う嫌な空気を浄化した、のだと解説

朝倉橘広庭宮蹟

していています。さらに続けて、「ここは神に守られた神聖な港。月は満月、潮も西へと船を導く引き潮だ。全てが叶った、さあこれほど神の加護がある日はない、さあ漕ぎ出せよ！　つまり、この出兵は神意なのだから必ず勝てると歌ったのです。兵士らはどれだけ力が漲《みなぎ》ったことでしょう」と、額田王の歌の力を讃えていますす。船出にあたっては、すでに優秀な兵を二万人も調達できていたという記録が、「備中国風土記逸文《びっちゅうこくふどきいつぶん》」にあり、西征の軍勢の規模が窺われます。

三月二五日には、娜《な》の大津（博多港）に至り、磐瀬《いわせ》（福岡市三宅）に仮宮を設けています。しかし、五月九日には、大宰府郊外の朝倉橘広庭宮《あさくらのたちばなのひろにわの》に遷居していますが、これは戦地に近い博多からは少し離れてという、中大兄皇子の配慮ではなかったかと思われます。

斉明天皇の崩御と百済鬼室福信からの上表文

斉明天皇の崩御に先立つ四月、百済の鬼室福信は使者を派遣、人質の豊璋を百済の国王に迎えたいと上表したといいます。斉明天皇が朝倉に遷居した際、社木《やしろのき》を切って宮を作ったので神が怒って殿を壊したとか、宮の中に鬼火があらわれたり、大舎人《おおとねり》や近習《きんじゅう》の者で病死するものが多く出たりなどといったことがありました。斉明天皇はこの時六六歳、征旅《せいりょ》の疲労とストレス、昂《たかぶ》る思いの中での薨去でした。『日本書紀』は、天皇の崩御を、「秋七月二四日、天皇は朝倉の宮で崩じた」とのみ記しています。斉明天皇は、宮地、宮殿、道教の寺、両槻《ふたつき》の宮の建設、香具山《かぐやま》の西から石上山《いそのかみ》まで用水路を掘削《くっさく》、用水路の流れを利用して舟二〇〇隻で石上山の石を運んで宮殿の垣にしたので、それを民衆からは、「狂心《きょうしん》の溝渠《こうきょ》」と誹謗《ひぼう》されましたが、我儘《わがまま》ながら大変な豪傑で、しかも中大兄皇子、大海人皇子の実母です。推古天皇以来、隋・唐の制度の導入・改革、蘇我氏排除による国政の安定など、総合的に国力の向上が、天皇のバックにはあったと考えるべきでしょう。

住吉神社（博多）

斉明天皇は病床で何を考えていたのでしょうか。それは、はるか神功皇后以来の朝鮮半島での倭国の権益、足掛かりを自分の代で失ってはならないという強い想いでした。神功皇后の事績（三六二―三八九年）は、『日本書紀』をもとに『三国史記』新羅本紀・百済本紀からたどることができます。三六二年のいわゆる神功皇后の新羅征討（『三国史記』新羅本紀には三六四年）は、現在でも歴史学界では神話と片付けています。その上、神功皇后の存在自体を、『日本書紀』の造作《ぞうさく》であると否定しています。

香椎宮《かしいのみや》（仲哀天皇・神功皇后の宮都）と皇后を祭神とする住吉神社ですが、日本全土には仲哀天皇・神功皇后と皇太子の誉田別太子（後の応神天皇）の三神を祀った神社九〇〇余りが、北九州、瀬戸内、畿内などに散在していて、今なお祭祀が絶えていません。

扶余豊璋の登場

豊璋（扶余豊璋・豊章・翹岐《ぎょうき》・糺解《きゅうかい》）が、日本に人質としてやってきたことに関する記述は『日本書紀』だけで、その時期に関しては諸説あります。まず、舒明《じょめい》天皇三年（六三一）三月一日の条に、「百済王義慈《ぎじ》〔六四一年即位〕が、王子豊章《せしむほうしょう》を入れて質とした」とあります。しかし、六三一年では本人が十五―二〇歳と仮定しますと、後の白村江の戦いの時（六六三年）には四七～五二歳になっていて、体力的に籠城するのは難しいのではないかと考えられます。義慈王の即位は六四一年ですから、この記事は、十年繰り上がっていると考えられます。なお、皇極二年（六四三）四月二一日の条には、「筑紫の大宰《たいさい》が、早馬で奏して、『百済の国主の子である、翹岐《ぎょうき》・弟王子《だいおうじ》が、調使と共に来ました』といった」とあります。

豊璋が人質として倭に遣わされる直前、百済では政変があり、それによって豊璋と同母妹並びに近臣たちが島流しにされたという百済からの弔使の報告が、皇極元年（六四二）二月二日の条に記載されています。ところが、この頃百済は新羅に侵入、慶南の大耶城を攻撃、金春秋の娘を斬殺《ざんさつ》するという戦乱のさなかにあって、それは考えられにくいことです。王室一族と仏教勢力との好ましからざる関係、義慈王自身四十余人の子女をもうけるなど、好色家、精力家であり、王后、王妃など十を超す眷属《けんぞく》を抱え、内訌《ないこう》が絶えなかったのではないかと想像されます。いずれも想像にすぎませんが、問題は豊璋が王家の中でどのような地位にあったのか、筆者は、太子、少なくとも長子、それも王后所生《しょせい》の人物と考えていますが、『三国史記』百済本紀には何も記載がなく、旧王子としての記録しかありません。

なぜそのように考えるのかといいますと、倭国から百済王として本国に送還する際、大和朝廷では最高の織冠《おりもののこうぶり》の位を授けていて、この冠位は、後の藤原鎌足《ふじわらのかまたり》の一例しかありません。単なる期待からではなく、当時それなりの人物だったはずです。それには当然、太子または百済王の長子であったことが前提です。大和朝廷の過去を振り返ってみますと、百済からは、太子を人質とした後に帰国させ、百済王となった例はいくつかあります。いい加減な人質ならば、代わりの人質を寄こすまで帰国を許さなかった例もありますので、義慈王の四十余人の中の一人ということは考えられません。多分追い返されていたはずです。

それともう一つ、豊璋を迎えた重臣の鬼室福信の態度です。福信という人物については後述しますが、福信が王家一族（少なくとも義慈王の子女四十余人）の中から唯一人豊璋を選んで、次の百済王として本国への帰還とともに王への就任を要請していることは、当然二人は顔見知りであったと考えられます。それなりの人物であると、福信は確信していた筈でしょう。そして帰国した豊璋を、地に伏して迎えたとあります。豊璋への敬意の表し方からも、一王子ではなく、太子として処遇していることが窺えます。こうなりますと、従来の豊璋への考え方が変わってくるのではないでしょうか。何しろ大和朝廷は、豊璋の帰国に際し、五千人もの兵を付けて送っているのですから。

人質としての豊璋の倭国での日々を、『日本書紀』はかなり詳しく記しています。皇極元年二月二四日に、阿曇山背《あずみのやませしろ》連の家に逗留《とうりゅう》、四月八日、従者を連れて拝朝、十日には、蘇我（蝦夷《えみし》）大臣の畝傍《うねび》の家に招かれ親しく歓談、良馬一匹・鉄二〇鋌《てい》を賜わったとあります。また、騎射や相撲のもてなしを受けたことや、子どもと従者の死、妻子を連れて河内長野《かわちながの》の大井に転居したこと、三輪山の麓で養蜂を試みたが失敗に終わったこと等々を伝えています。

飛鳥板蓋宮《あすかいたぶきのみや》でのクーデター（乙巳《いっし》の変）で蘇我一族が滅亡後の豊璋の動向は、白雉《はくち》元年（六五〇）二月、長門《ながと》の国司が献上した白雉について、豊璋に下問したところ、「後漢の明帝の永平十一年〔六八〕〔の条〕に、白雉があちこちにあらわれた云々」と答えたという記事と、同月十五日の、吉祥の白雉にちなみ行われた祝賀式には、左大臣・右大臣に率いられた儀仗隊のメンバーに、豊璋と弟の塞城《さいじょう》（皇極天皇元年四月十日の条では塞上）と忠勝（豊璋の叔父）の名前があります。

斉明六年（六六〇）、百済が金春秋率いる新羅軍と、唐の蘇定方が指揮する唐軍の挟撃《きょうげき》によって滅びると、同年九月五日、百済の残党鬼室福信は、達率（名を欠く）と沙彌覚《さみかく》従《じゅう》らを遣わし、百済が新羅・唐の連合軍に滅ぼされたことを報告するとともに、福信らの百済復興計画を伝えました。さらに、十月には、佐平貴智《きち》らを遣わし、唐の俘虜一〇〇余人を献上するとともに、援軍の要請と人質の豊璋を国王として迎えたいと申し出てきました。この件に関して『三国史記』百済本紀は、「武王の従子の福信《ふくしん》は、むかし軍隊を率いていた。そこで僧侶の道琛《どうちん》とともに周留城《しゅうりゅう》によって反乱をおこし、さきに倭国に人質となっていた旧王子扶餘豊《ふよほう》を迎えて、彼を王とした」とあります。（義慈王二十年（六六〇）の条）

百済からの要請を受けて、天皇は、「百済国が窮して我国を頼ってきたのだから、見捨てる訳にはいかない、豊璋のために十分な備えを与え、礼をもって送り遣わすように」と詔《みことのり》して、豊璋と妻子、叔父の忠勝（或る本では豊璋の弟塞上を輔として）らを送ったとあります。豊璋らが帰国したのは、翌年の九月のことです。

鬼室福信について

鬼室福信の名は、『旧唐書』百済国伝に出てきます。貞観元年（六二七）に、唐の太宗から百済王（武王、諱《いみな》は璋）に賜った爾書《じしょ》（親勅《しんちょく》）の中に、百済王の甥として出てきます。やや長くなりますが、唐の太宗の考え方がよく分かりますので、引用します。

貞観元年（六二七）、太宗は〔百済〕王に爾書（皇帝の親勅）を賜わって、

王は、代々君長として東蕃〔の地〕を、いつくしみ領有している。〔百済の地は〕海隅はるか彼方《かなた》にあり、風濤《ふうとう》が立ちはだかっている。〔それにも拘らず、百済王は〕まごころをつくし、朝貢を続け、そのうえ〔さらに〕徽猷《きゆう》（良策）を考えている。〔朕は、こうした百済王の行為を〕はなはだしく嘉《よみ》し慰めたい。朕は〔天の〕寵命をつつしんで承け、〔天子として〕天下に君臨してから、王道をひろめ、民衆をいつくしみたく思っている。舟や車の通うところ、風や雨の至るところ〔は、すべて〕本来の性質をとげうるよう願い、〔また〕ことごとく治まり安らかならしめたく思っている。

新羅王の金真平は、朕の藩臣であり、王の隣国〔の主〕である。きくところによる

と、〔王は〕つねに、兵を出して〔新羅〕征討をやすみなくつづけ、武力をたのんで平気で残忍な行為をなしているとのことである。〔これらは〕とくに〔朕の〕望むところに乖《そむ》いている。

朕は、すでに王の姪《てつ》（甥）の信福、それに高〔句〕麗や新羅の使者に対して、ことこまかに親しく交際するように勅し、ことごとく和睦することを許可した。〔したがって〕王は、必ず、以前の怨みを忘れ〔去り〕、朕の心からの望みを知り、ともに隣好を深くして、ただちに戦争をやめるべきである。

と言った。

〔扶餘〕璋は、そこで、使者を派遣して上表文を奉り陳謝した。〔しかし〕表面では〔太宗の〕命〔令〕に順《したが》うように言いながら、実際には仇敵関係にあるのは、前と同じであった。

武王（六〇〇―六四一）の甥であり武将、唐の太宗にまで接見できる人物となると、百済では傑出した人物であったに違いありません。ただ晩年の三年間を見ますと、直情径《ちょくじょうけい》行《こう》、百済復興の柱となる同志二人とは、一人（僧侶の道琛）を誅殺《ちゅうさつ》、もう一人（豊璋）には殺され、首を斬られるという悲劇となり、百済復興の夢は潰《つい》えてしまったのです。

全国から動員された兵士と軍船

百済救援のため倭国は、北は陸奥、甲斐、南は肥後、豊前、筑後、筑前、それに備中、備後、讃岐、伊予など、全国から多くの兵士が動員されています。なかでも『備中風土記』逸文には、備中国邇磨《にま》の郷からは、二万人の優秀な兵士が集まったので、天智天皇が大層喜んだという記事があります。一方、軍船の製造にあたったのは、駿河、常陸、播磨の国々で、特に駿河国は当時造船技術では全国一を誇り、隣の伊豆国で生産される木材にも恵まれた地域でした。

『三国史記』百済本紀・新羅本紀ともに、白村江の戦いに関しては、内容が乏しく、記録も簡単にやり過ごしているため、『日本書紀』天智天皇紀を主に筆を進めざるをえません。

斉明天皇七年（六六一）

七月二四日、斉明天皇崩御、皇太子は白服で摂政となった。

この月、唐の蘇定方と突厥《とっけつ》（トルコ）の王子契苾加力《せしむけいひつかりき》らとが、水陸二路で高句麗城下に迫った。皇太子は、長津（那津、博多港）の宮に遷居。徐々に海外の軍政の指揮をとった。

百済救済に動員された兵士と軍船　森公章著『天智天皇』(吉川弘文館)より

国名	郡名	出　典	人　名	備　考
駿河		斉明7・是歳条		船を造らせる
甲斐	山梨	古屋家家譜	大伴山前連淵守	唐で戦死
常陸	石城	風土記香島郡条		*「淡海之世」に石城で造った船が香島郡に漂着
陸奥	信太	慶雲4・5・癸亥条	生王五百足	40余年後に帰国
但馬	朝来	粟鹿大神元記	神部直根閇	帰国後，大領に
播磨		風土記讃容郡条	国宰道守臣	*官船を造る
備中	下道	風土記逸文		邇磨郷で軍士2万人を徴発
備後	三谷	日本霊異記上—7	三谷郡大領之先祖	百済の僧侶をつれて帰国
讃岐	那賀	慶雲4・5・癸亥条	錦部刀良	40余年後に帰国
伊予	風速	持統10・4・戊戌条	物部薬	帰国，追大弐授与
	越智	日本霊異記上—17	越智郡大領之先祖	帰国後，立評．小市国造か
筑前	早良	天武13・12・癸亥条	筑紫三宅連得許	帰国
筑後	山門	慶雲4・5・癸亥条	許勢部形見	40余年後に帰国
	上妻	持統4・9・丁酉条	大伴部博麻	軍丁．30余年後に帰国
		持統4・10・乙丑条		
		天智10・11・癸卯条	筑紫君薩夜馬	帰国．筑紫国造か
豊前	宇佐	天智10・11・癸卯条	韓嶋勝娑婆	帰国．宇佐の有力豪速か
肥後	皮石	持統10・4・戊戌条	壬生諸石	帰国．追大弐授与
不詳		天智10・11・癸卯条	布師首磐	帰国．越中国射水郡・土佐国安芸郡に布師郷がある．讃岐国山田郡・鵜足郡に布敷臣が居住
		天武13・12・癸亥条	猪使連子首	帰国
		持統4・10・乙丑条	土師連富杼 氷連老 弓削連元宝児	天智10・11・癸卯条で帰国か
第1次派遣軍		斉明7・8・条 斉明7・9・条	前将軍阿曇連比邏夫・河辺臣百枝 後将軍阿倍引田臣比羅夫・物部連熊・守君大石 別将狭井連檳榔・秦造田来津〔近江・愛智〕	
第2次派遣軍		天智2・3・条	前将軍上毛野君稚子・問人連大蓋 中将軍巨勢神前臣訳語〔近江・神崎〕・三輪君根麻呂 後将軍阿倍引田臣比羅夫・大宅臣鎌柄	
第3次派遣軍		天智2・8・甲子条	廬原君臣〔駿河・廬原〕	

(備考欄に*を付したものは参考記事)
『続 明日香村史』上巻(2006年)を基に加筆・修正

八月、（先遣隊の）前軍の将軍として阿曇《あずみ》比羅夫連、河辺百枝《ももえ》臣、後軍の将軍として阿倍引田《ひけた》比羅夫臣、物部連熊、守君大石《おおいわ》らを百済救済のため派遣、併せて武器・五穀を送った。

九月、皇太子は長津宮で百済の王子《せしむ》豊璋に織冠を授け、また、多《おお》臣蒋敷《こもしき》（太安麻呂《おおのやすまろ》の祖父か）の妹を嫁がせ妻とした。そして狭井連檳榔《あじまさ》、秦《はだ》造田来津《たくつ》を派遣、軍五〇〇〇余を率い、豊璋を護衛して本国に送った。豊璋が百済に到着した時、福信が迎えに出て、稽首《けいしゅ》（頭を地に近づけしばらくとどめる礼）をして、国政をことごとく彼に委ねた。

筆者は令和元年（二〇一九）十月、奈良県磯城《しき》郡田原本町《たわらもとちょう》にある太安万侶の祖神八井《かむやい》耳命《みみのみこと》を祀る多《おお》神社を訪ねてみました。近鉄橿原《かしはら》線笠縫《かさぬい》駅から徒歩二〇分ほどのところにある多神社一帯は、「多《おお》」という地名が現在も残っています。多神社は正式には「多坐弥《おおにいます》志理都比古《しりつひこ》神社」といい、江戸中期に建立された本殿は東西に一間の社が四殿並ぶ「四殿《しでん》配祀《はいし》」の珍しい社殿でした。なお現在は、神八井耳命のほか、神武天皇、神渟名川耳命《かみぬなかわみみのみこと》（綏靖《すいぜい》天皇）、姫御神《ひめみかみ》（玉依姫《たまよりひめ》）の四柱を祀っています。

十二月、鴨緑江が凍結、唐軍が渡河、攻撃をしてきたが、高句麗はこれを撃退。

多神社

天智元年（六六二）

正月二七日、百済の鬼室福信に、矢一〇万本、糸五〇〇斤、綿一〇〇〇斤、布一〇〇〇端、韋《なめしかわ》一〇〇〇張、種籾《たねもみ》三〇〇〇斛《こく》を賜った。

三月四日、余豊璋に布三〇〇端を賜わった。

三月、唐人、新羅人が高句麗を討伐。高句麗は倭国に救援を要請してきたので、軍将を派遣して疏留城《そるさし》（都々岐留《つつきる》山か）を占拠、これによって唐軍は高句麗の南の境を侵略できず、新羅はその西の塁《とりで》を落とすことができなかった。

五月、阿曇比羅夫らは水軍一七〇艘を率い豊璋らを百済国に送り、勅を宣《の》べて、豊璋らに王位を継がせた。また、金《きん》泥《でい》で書いた金策を福信に与え、爵位と禄を賜った。その時豊璋らと福信は、稽首して勅を受けたので、そこに居合わせた衆人は涙を流した。

六月二八日、百済は達率万智《まち》らを遣わし、調《みつき》を進《たてまつ》った。

十二月一日、百済王豊璋は、福信、狭井連檳榔、秦造田来津と議《はか》って、「この州柔《つぬ》（都々岐留山）は田畑から遠く隔たっていて、土地は痩せてごつごつしている。農耕や養蚕に適した地ではなく、防戦の場であるから、ここに久しくいたら、民は飢えてしまう。今は、避城《へさし》（州柔《つぬ》の南、全羅北道金堤か）に移ったほうが良い。避城は西北に古連旦涇《これんたんけい》の水（新坪川）をめぐらし、東南は深泥《しんでい》の巨堰《こえん》（貯水池の堤、金堤）によって防がれているし、周りをぐるっと田がめぐっていて、雨が降ると用水路を切って水を導き流している。作物は三韓でも上物である。衣食の源は、天地の奥まったところである。避城の地は低いところだけれども、どうして遷居しないでいられようか」と、いった。

この時、秦造田来津が進み出て、「避城と敵のいるところとの間は、一夜で行くことができるので、近すぎる。もし不慮のことがあれば後悔しても追いつきません。飢えることよりも、国が滅びるかどうかのほうが大切ではないでしょうか。今、敵が簡単に攻めてこないのは州柔城が険《けわ》しい山が連なっていて、防御しているからです。山が険しく、谷が狭いのは、守るに容易く攻めるに難しいからです。もし避城のような低地にいたなら、今までのように堅い守りで動かずにいられたでしょうか」と、諌《いさ》めたのでした。しかし、豊璋は彼の諌めを聞かず、避城に移ってしまったのです。

この年、倭国は、百済を救うため、武器を修繕、船舶を具備、兵糧を蓄えた。

天智二年（六六三）

二月二日、百済は達率の金受《こんじゅ》らを遣わし、調を進った。新羅人が百済の南辺の四州を焼き払い、安徳などの要地を奪取。避城は敵との距離が近くなったので、田来津が諌言《かんげん》したように、州柔城に移ることになった。

この月、福信は、唐の俘虜続守言《しょくしゅげん》らを献上。（筆者注：続守言は、後に『日本書紀』編纂の中心人物となり、倭国にとっては貴重な存在となった）

三月、前軍の将軍上毛野君稚子《かみつけののきみわかこ》、間人連大蓋《はしひとのむらじおおふた》、中軍の将軍巨勢神崎臣訳語《こせのかんさきのおみおさ》、三輪君《みわのきみ》根麻呂《ねまろ》、後軍の将軍阿倍引田臣比羅夫《あへのひけたのおみひらぶ》、大宅臣鎌束《おおやけのおみかまつか》を遣わし、二万七千人を率いて新羅を討伐した。

この二万七千人という軍勢は厖大《ぼうだい》な兵力で、これだけで新羅軍全軍を相手にできるものですが、大掛かりな作戦に参加した形跡は見当たりません。六月に前軍の将軍上毛野君稚子らが新羅の沙鼻《さび》、岐奴江《きぬえ》の二城を奪取したという記事しか残されていませんので、前軍だけがとりあえず渡海したものか、いずれにせよ百済の領地ではなく、朝鮮半島中西部に傾注《けいちゅう》している新羅の空白となっている南部に進駐し、事態の推移を見守っていたのではないかと推測されます。それは、後の白村江の戦いの急展開に間に合わず、山また山の陸路を越えてでの援軍では、はじめから無理であったのではないかと思われます。

豊璋と福信の悲劇

豊璋と福信の二人はともに王族とはいえ、年齢も性格も違い、片や軍・政務に経験のある旧重臣の一人、片や人質とはいえ、倭国では安穏《あんのん》に暮らしていた若者、汚い不潔な山城生活などには耐えられなかったに違いありません。それでも旧臣たちにおだてられ、戦いにも慣れてくると、豊璋は、福信のやることなすことが気になってきたのでしょう。欠点はあっても新羅からは神将とも良将といわれた人物を、豊璋の浅知恵で失ってしまったのでした。もっとも福信も自分の意に添わず、周囲の良からぬ旧臣に囲まれ、自分の意見を押し通してくる豊璋に対して、自分がすべてを掌握しなければこの百済再興は不可能だと判断したのでしょう。そして、豊璋もまた福信を除かねばと、軽はずみな行動に出てしまったのです。

天智二年（六六三）五月一日、犬上君（白麻呂?）が軍事を高句麗に報告した帰途、豊璋に石城《しゃくさし》で会見、その時に豊璋が福信の罪を語った、と伝えています。福信も、自分の居所へ豊璋を招き入れ、亡き者にしようと計略を立てていたのですが、一瞬の隙《すき》を突かれて、豊璋の親衛隊に先を越されてしまったのです。この時の様子を『日本書紀』は、次のように伝えています。

豊璋は、福信に謀反の心があるとうたがい、掌《て》に穴をあけ皮で縛った。しかし自分で決めかね、どうしていいかわからなかった。そこで諸臣に問うて、「福信の罪は、もはやこのよう〔に明らか〕だ。斬るべきか、斬るべきでないか」といった。達率《だちそち》の徳執得《とくしゅうとく》が、「この謀反人《むほんにん》を放免《ほうめん》してはなりません」といった。福信は執得に唾をはきかけ、「腐れ犬のたわけめ」といった。王は、健児をととのえ、〔福信を〕斬って、〔さらし首にするために〕首を酢づけにした。

『旧唐書』百済伝にも、このあたりのことを次のように伝えています。

当時、福信はすでに兵権をほしいままにしており、扶餘豊との間が、次第にねたみ疑い合うようになっていた。福信は、病気を口実に窟室《くつしつ》に臥《ふ》せ、扶餘豊が病気見舞いに来るのをうかがい、計略をもちいて〔扶餘豊を〕襲殺しようとした。扶餘豊は、〔この計略を〕覚《さと》り、親兵を率いて不意をつき福信を殺してしまった。また、〔扶餘豊は〕使者を高〔句〕麗と倭国に送って〔援〕兵を請い、官軍を拒もうとした。孫仁師は、途中で〔この援兵を〕迎撃して討ち破り、ついに〔劉〕仁願の〔兵〕衆と合流した。〔唐〕兵の勢〔力〕は、いちじるしく高まった。

そこで、〔孫〕仁師と〔劉〕仁願と新羅王の金法敏は、陸軍をひきいて進んだ。劉仁軌と別将の杜爽や扶餘隆は、水軍と糧船を率いて、熊津江から白江に往《ゆ》き、そこで陸軍と合流し、ともに周留城に迫った。

白村江の戦い

一方、倭国側の渡海準備はどのように進んでいたのでしょうか。『日本書紀』によりますと、天智二年（六六三）の八月一三日、新羅は、百済王の良将の福信が殺されたのを聞くと、百済国に侵入、州柔城を奪取することを諮《はか》ったといいます。これを聞き付けた豊璋は、賊（新羅）の計画を知って、次のように言ったといいます。「今、大日本国の救援軍の将軍盧原君臣《いおはらのきみおみ》が健児一万余を率いて海を越えてやって来る。将軍たちはあらかじめ手立てを検討しておけ。我々は白村《はくすき》（錦江）の河口で救援軍を待ちうけ、そこで饗応しようと思う」と、あります。

その頃、盧原君臣率いる水軍一万余人、四〇〇艘は、全羅南道西岸を北上、所々に配置された倭国軍の連絡係とも接触しながら戦場に向かっていました。盧原君臣について、日本古典文学大系新装版『日本書紀』（岩波文庫）の注には「三月に発遣された軍の先鋒か。盧原君は駿河の国造系の豪族。姓氏録、右京皇別に『盧原公。笠朝臣同祖。稚武彦命之後也。孫吉備建彦命。景行天皇御世、被遣東方、伐毛人及鬼神、到于阿倍盧原国。復命之日、以盧原国給之』」とあります。なお斉明六年是歳条に「駿河の造った船が見える」とありますが、駿河の国は、東の大国であり、造船では全国一の生産量を誇る国であることは、『日本書紀』応神天皇紀に、伊豆の国より「枯野《からの》」と名付けた大型船が貢上されたと、記録されています。船材に恵まれていた地域と考えられますが、それにしても、大将軍という名ではなく、臣の名での大海戦への登場には驚きます。

八月一七日、新羅軍は州柔に至って、百済の王城をとり囲み、唐の水軍の将劉仁軌らは戦船一七〇艘を率い白村江に布陣、廬原君臣軍四〇〇艘に対し、劉仁軌軍は一七〇艘。陸兵を満載した輸送船じみた鈍重な倭国の四〇〇艘の船に対して、先鋭な唐の軍船一七〇艘による戦いだったのです。

八月二七日、日本水軍の先陣と唐の水軍が合戦、日本軍は利あらずと退却、唐軍は、陣を堅《かた》めて守ったとあります。時は旧暦の八月の末、そろそろ寒気が襲う頃です。皮肉な結果になりますが、唐は間もなく自国を離反し、独立を図る新羅のために、そして倭国は百済からの要請を受けて豊璋を百済王に擁立し、百済復興のために、倭国と唐の二国は戦うことになったのです。

廬原君臣を先頭に、倭の水軍は辺山半島の先端を過ぎ、白村江（錦江河口）にやってきます。そこで見た白村江の光景とはどのようなものだったのでしょうか。河幅は約一キロメートル、砂にまみれた朝鮮半島第三の大河の河口でした。すでに各地に放った諜報《ちょうほう》たちから、倭の水軍の北上を具《つぶさ》に知っていた唐の水軍は、白村江河口約二、三〇〇メートルにわたって一七〇艘の船を川岸に沿った砂浜の両岸に係留して、「時は遅し」と待機していたのです。

倭の水軍の前軍は、周留城を目指して突入、周留城との連絡、また潮の干満、水測、風向きなどを考慮することなく、ひたすら強行突破を図ったのでした。唐の水軍への侮《あなど》りもあったのでしょう。この時点で、豊璋が周留城を離れているかどうかは承知していなかったと考えられます。倭の水軍は、籠城《ろうじょう》する友軍の救援を第一義に考え、突進したものと考えられます。唐の水軍は両岸から倭の水軍の少なくとも三分の一（百数十艘）をとり囲み、火箭《かせん》の集中砲火で倭兵と倭船を攻撃・炎上させ、倭軍を大混乱に陥《おとし》れたと考えられます。敗戦を知った一部の船は船を戻そうにも、白村江の水深が干潮の場合は意外に浅く、操船に支障をきたし、唐の水軍の餌食《えじき》となり果てたのでした。撤収を考えた将もいた筈ですが、時遅く、復路の食糧のことを考えるとその余裕はなく、一途《いちず》に進まざるをえなかったのでしょう。

『日本書紀』天智天皇紀は、続けて、

二八日、日本の諸将と、百済王とが、気象を観〔察〕せずに、語りあい、「我ら〔日本・百済〕が先を争っ〔て攻め〕たなら、彼〔唐・新羅〕はまさにおのずと退くだろう」といった。さらに日本の〔隊〕伍の乱れた中軍の〔兵〕卒をひきい、進んで堅陣の大唐軍を攻めた。大唐〔軍〕は、すぐに左右から〔日本〕船を夾み、とり囲んで戦〔闘〕した。ほんのしばらくで、官軍は敗れに敗れた。入水して溺死した者が多く、舳《じく》艫《ろ》を旋回することができなかった。朴市田来津《えちのたくつ》は、天を仰いで誓い、歯をくいしばって怒り、数十人を殺し、ここに戦死した。このとき、百済王豊璋は、数人と船に乗り、高麗に逃げ去った。

九月七日、百済の州柔城《つぬさし》が、はじめて唐に降った。

『旧唐書』の記録から

この戦いを、唐はどのように記録していたのでしょうか。『旧唐書』百済伝は、次のように伝えています。

そこで、〔孫〕仁師と〔劉〕仁願と新羅王の金法敏は、陸軍をひきいて進んだ。劉仁軌と別将の杜爽や扶餘隆は、水軍と糧船を率いて、熊津江から白江に往《ゆ》き、そこで陸軍と合流し、ともに周留城に迫った。〔劉〕仁軌〔の水軍〕は、扶餘豊の〔軍〕衆と白江の河口で〔遭〕遇し、四度戦い〔四度とも〕みな勝ち、〔賊〕舟四百艘を焼いた。賊の〔軍〕衆は大いに潰《つい》え、扶餘豊は〔危機から〕身一つで抜け出し、逃走した。偽王子の扶餘忠勝と〔扶餘〕忠志らが、士女と倭の〔軍〕衆を率いて、ともに降伏してきた。百済の諸城は、みなふたたび帰順し、孫仁師と劉仁願らは〔本国に〕凱旋した。〔高宗は〕劉仁軌に詔して、〔劉〕仁願に代り、兵を率いて鎮守させた。そして、扶餘隆を熊津都督に任じて本国（百済）に還し、新羅とともに和親し、〔離散した百済の〕余衆を招き集めさせた。

二七日の戦いは惨憺たる敗戦の中で終わりを告げることになりましたが、翌二八日の作戦などが中軍・後軍との間でなされたものかどうか疑問が大きく残ります。唐の水軍の士気は高く、軍船および装備も優れていて、よほどの対策がない限り勝算はなかったと考えられます。

倭の水軍は敗戦など全く考えていなくて、補強の船団もないままでは前軍同様の戦いをせざるをえなかったのでしょう。ましてや、二七日あるいはそれ以前に城を抜け出て逃亡を謀《はか》り、行方不明になっている豊璋のことを考えると、士気は低下せざるをえなかったことでしょう。ただやみくもに攻めるばかりだったのですが、倭の水軍としては、撤退は考えられず、攻戦のみが残された道だったのです。

戦いに敗れた日本側は、「州柔が降った。事はどうしようもない。百済の名は、今日で絶えた。墳墓の地に、二度と行くこともできない。ただ弖礼城《てれさし》に行き、日本の軍将たちに会い、事の機要《かなめ》を謀り合うとしよう」といって、ついにもとから枕服岐城《しんぷくきさし》にいた妻子らに伝えて、国を去る決心をして、九月十一日には、弖礼から倭国へ向け出発したのでした。倭軍が撤退するに際して、『三国史記』列伝第二　金庾信の条に、文武王（在位六六一―六八一）は倭人たちに次のように語り、彼らが行きたい所に行かせたとあります。

思うに、わが国は爾《なんじ》の国と海をへだてて界をわかち、いまだかつて結合したことがない。ただ、両国間では友好〔関係〕を結び平和をはかり、使節を訪問させ国交を通じてきた。それがどうして今日百済とくんで悪事をはたらき、わが国を滅ぼそうとするのか。今、爾の兵士たちは、わが手の内にあるが、これを殺すに忍びない。爾らは帰国して、爾の国王にこのことを告げなさい。

この言葉は、新羅の長年にわたる交流と戦いを交えた倭国への思いだったのでしょう。第三十代文武王は、武烈王の嫡男として生まれ、父の命によって永徽年間（六五〇―六五五年）の初めに唐へ派遣され、唐の高宗から大府卿の官職を授かっています。六五四年、波珍飡《はちんさん》で兵部令となり、六五五年太子に任ぜられ、六六〇年の百済平定の際には、唐の蘇定方とともに戦い軍功をあげ、六六一年武烈王薨去の後、第三十代文武王として即位します。

文武王は父武烈王と同じく容姿がすぐれ、聡明で、知恵や才能が豊かだったといいます。王の在位中は、六六三年の白村江での唐軍と合流しての倭国との戦いで勝利した後、六六六年に高句麗を鎮圧、さらに新羅を属国にと考えていた唐は、新羅の激しい抵抗にあい、六七六年、唐は新羅から撤退を余儀なくされます。このような戦乱の只中に身を置いていたからなのか、王の脳裏には、倭国の存在が常に頭にあったのでしょう。六八一年七月に薨去した際の遺言には、東海（日本海）の浜辺近くの大石の上に墓「海中陵」を築き、遺体は死後一〇日後に火葬にしてそこにおさめるようにとありました。王が龍と化して、倭国からの侵攻を守る「文武王海中陵」として、現在も慶州の海岸にその姿を残しています。

文武王海中陵

国が滅亡するかどうかという瀬戸際とは、このようなことなのか、歴史の中で果たすべきことをやり遂げたのか、みすみす永《なが》らえる命を縮めてしまったものか、思いは交錯します。

建国が紀元前三七年の高句麗は、二十八代宝蔵王（在位六四二―六六八）の代で七〇〇年の長さを誇ったツングース系王朝は命脈が尽きます。高句麗王家は、地方を強力な部族に委《ゆだ》ねながら長い治世を生き延びてきました。建国以前は、大陸中央部にあった前漢朝の一部、玄菟《げんと》郡の一県にすぎなかったのです。しかし、高句麗国の晩期、五部族のうち蓋蘇文《がいそぶん》が王家に反乱を起こし、王を殺害し政権を握ります。王家自体の衰微《すいび》も長い治世の結果と考えられますが、国の末期は権臣《けんしん》の死と残された三兄弟の確執《かくしつ》であっけなく崩壊してしまいました。旧満洲の南東部、遼河《りょうが》の東に広がる山岳地帯に長大な城壁をめぐらし、加えて渡河《とせん》の難しい鴨緑江《おうりょくこう》を自然の防壁としていましたが、春秋の譬《たと》えからいえば、寿命が尽きたのでしょう。

一方、百済ですが、建国は第一代始祖温祚《おんそ》王（在位前一八―後二八）となっていますが、『三国史記』の編者が、高句麗の建国時期に合わせて新羅・百済の建国時期を合わせてしまったものです。当時新羅は辰韓、百済は馬韓と呼ばれる以前の段階で、それぞれ馬韓では現在の漢江南岸に伯済国が、新羅では現在の慶州を中心に六部が興ったものでした。いずれも東洋史には、三二五年頃とされています。それにしても、建国して七〇〇年の高句麗、国をまとめて三〇〇年の百済、特に百済は、倭国と代々誼《よしみ》を結び、軍事・仏教・芸術面でも密接な関係で、倭国は、百済の宗主国であることを自認していただけに、この敗戦のショックは大きなものでした。

白村江の戦いの地

白村江の戦の場となった周留城に関して、面白い発見があります。それは、神功皇后時代、倭国の朝鮮半島進出に際して、百済王十二代近肖古王（在位三四六―三七五）と、倭国の将軍が会見した場所に関して、今西龍著『百済史研究』（図書出版会）の次のような一文です。

周留は唐人の使用文字である。日本に伝はりて居る百済人が使用して表示した文字では州流《ツル》と書き州柔《ツヌ》と書き或は疏留と書いてゐる。但し疏留は新羅史の瓮山城らしい点もある。新羅では豆陵尹又は豆良尹と書き、豆率とも書いて居る。文字の上より見れば多少の訛《ナマリ》の差はあるが、要するに周留の語と同じである。神功紀に百済を救援して馬韓地方統一に赴いた日本の将軍が、百済王近肖古・近仇首と最初に会見した意流村《オルスキ》には「今は州流須祇《ツルスキ》」といふ註が入れてある。今とは恐くば百済末の百済人の言葉であつたらう。要するに日本と百済との永い関係に於て、最初に出て又最後に出るのは此の周留城である。然るに此の名城は従来位置が不明であつた。此の点で研究者間には亦有名であ

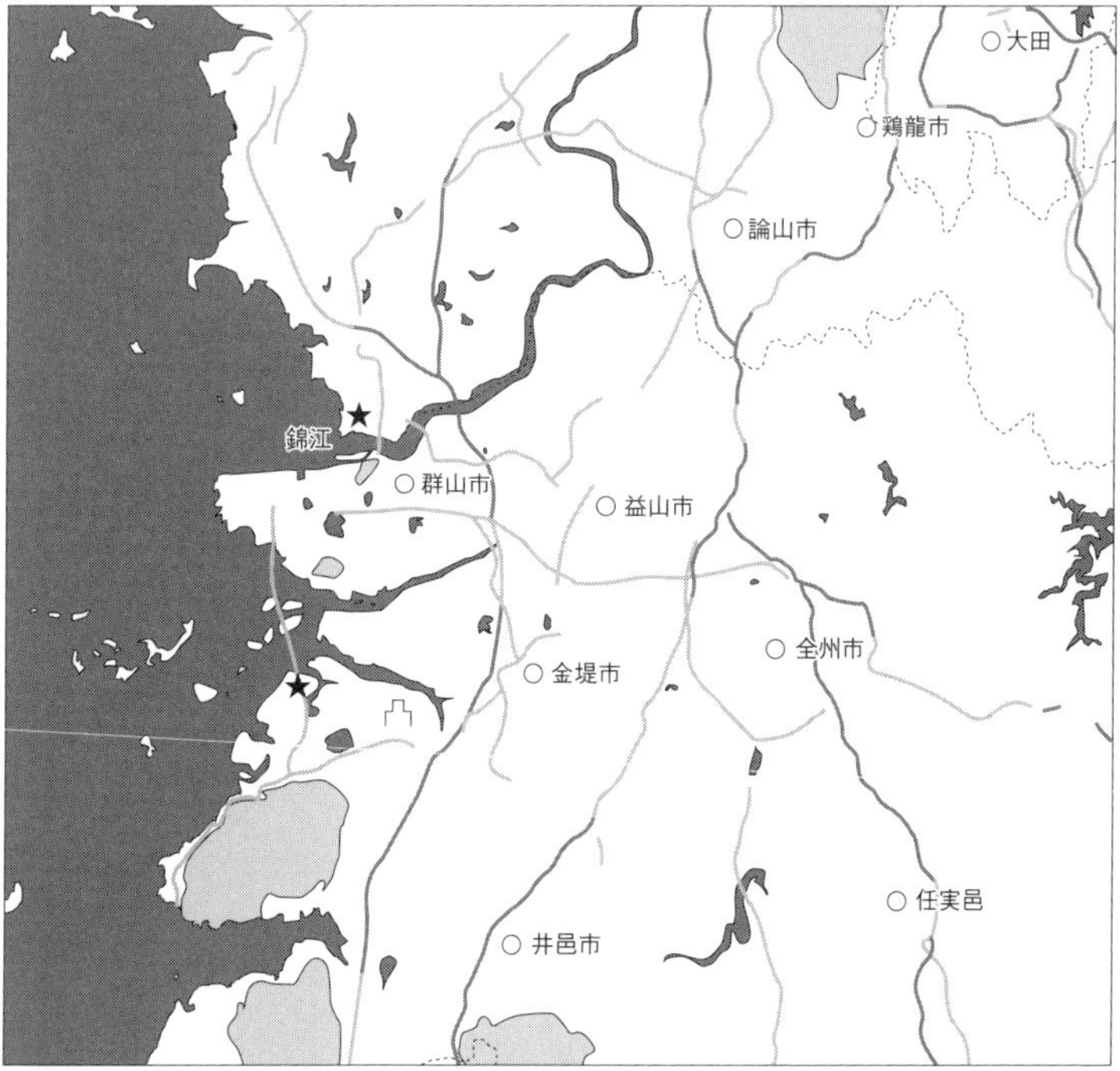

周留城と白村江の場所と思われるところの現代地図
（周留城のあったと思われる場所（２説）を★に、避城があったと思われる場所を凸で記した）

つた。唐書によると周留とあり、新羅記録によると豆陵尹とありて文字が異なるので、三国史記さえも文字にのみ拘泥して之を別城とし、豆陵尹城・周留城等の諸域と列記するに至つた。

参考までに、『日本書紀』神功皇后紀に、「意《お》流《る》村《すき》」が出てくる記事を、引用しましょう。

四九年、春三月、荒

田別、鹿我《かが》別を将軍とした。そこで久氐《くてい》らと、共に兵をととのえて〔海〕を渡り、卓淳国に至り、まさに新羅を襲〔撃〕しようとした。そのときある〔人〕が、「軍勢が少ないと、新羅を破ることはできない。さらに沙白《さはく》、蓋盧《こうろ》〔の二人〕を召し上げ、軍士を増すよう請え」といった。そこで木羅斤資《もくらこんし》、沙沙奴跪《ささなこ》（この二人は、その姓がわからぬ人だ。ただ木羅斤資は百済の将である。）に命じ、精兵を領《ひき》い、沙白、蓋盧と共に〔派〕遣した。そろって卓淳に集まり、新羅を撃破した。よって、比自炑《ひしほ》、南 加羅《ありひしのから》、喙国《とくのくに》、安《あ》羅《ら》、多羅《たら》、卓淳、加羅、七国を平定した。それから兵を移〔動〕して、西に廻り古奚津《こけつ》に至り、南蛮の忱彌多礼《とむたれ》（済州島）を屠《ほふ》って、百済に賜わった。そこでその〔百済〕王肖古《しょうこ》と王子貴須《きす》もまた、軍を領《ひ》きいて来会した。このとき、比利《ひり》、辟中《へちゅう》、布彌支《ほむき》、半《はん》古《こ》の四邑（村）が、自然と降服した。そこで百済王父子と荒田別、木羅斤資らは、あいともに意流村《おるすき》（今、州流須祇《つるすき》という。）で会った。相見て欣《よろこ》びを感じた。礼を厚くして送りまた遣わした。ただ千熊長彦は百済王と、百済国に行き、辟支山《へきのむれ》に登って盟《ちか》った。また古沙《こさの》山《むれ》に登って、共に磐石の上に居た。（以下略）

周留（州柔、州流、意流）というキーワードを通して、様々なことがわかってきます。

この記事は、三六九年、神功皇后は、将軍荒田別《あらたわけ》、鹿我別《かがわけ》、それに沙白《さはく》、蓋盧《こうろ》、木羅斤《もくらこん》資《し》、沙沙奴跪《ささなこ》を加え新羅を破り、いわゆる任那七国を平定。さらに西に廻り、古奚津《こけつ》に至り、済州島を取り、百済に与えたのです。この時、比利《ひり》、辟中《へちゅう》、布彌支《ほむき》、半古《はんこ》の四邑も自然に降服、これらの動きを知った百済王と太子（近肖古王と次の貴須〈近仇首王〉）が、倭軍の荒田別、木羅斤資と意流村で会見したことを伝えています。さらに、答礼のため派遣した千熊長彦は、百済王と辟支山《へきむれ》、古沙山《こさむれ》に登り磐石の上で盟を誓ったのでした。

周留の地名から、神功皇后紀の記事を紹介しましたが、倭国と百済の出会いが絵を見るように蘇ってきます。この年、百済はこの出会いを喜び、先に紹介したように「七枝刀」と「七子鏡」を、国産の銅から造らせ、翌六七一年、倭国に貢進しています。単なる神話ではなく、近肖古王から神功皇后（誉田別太子）へ贈られた、「七枝刀」の実物を、我々は現在目にすることができるのです。

白村江海戦の敗因

この戦いは、明らかに「赤壁《せきへき》の戦い」（二〇八年）のミニ版です。「赤壁の戦い」は、後漢の末年、天下三分を決定付けたもので、孫権《そんけん》、劉備《りゅうび》の連合軍は、弓弩《きゅうど》と火攻めによって曹操《そうそう》の大軍勢を撃退した戦いでした。映画にもなり、大型船同士のぶつかり合いのシーンには度肝《どぎも》を抜かれましたが、火箭《かせん》攻めにあい、接近戦を弩《いしゆみ》・槍・戟《ほこ》・鏃《やじり》・殳《ほこ》・弓矢などでやられては、勝ち目はありません。『日本書紀』は、八月二七日、日本の水軍の先陣と、唐の水軍とが合戦、唐軍の将軍（劉仁軌）が率いる戦船は一七〇艘、日本軍は利あらずと退却、唐軍は陣をかためたとあります。

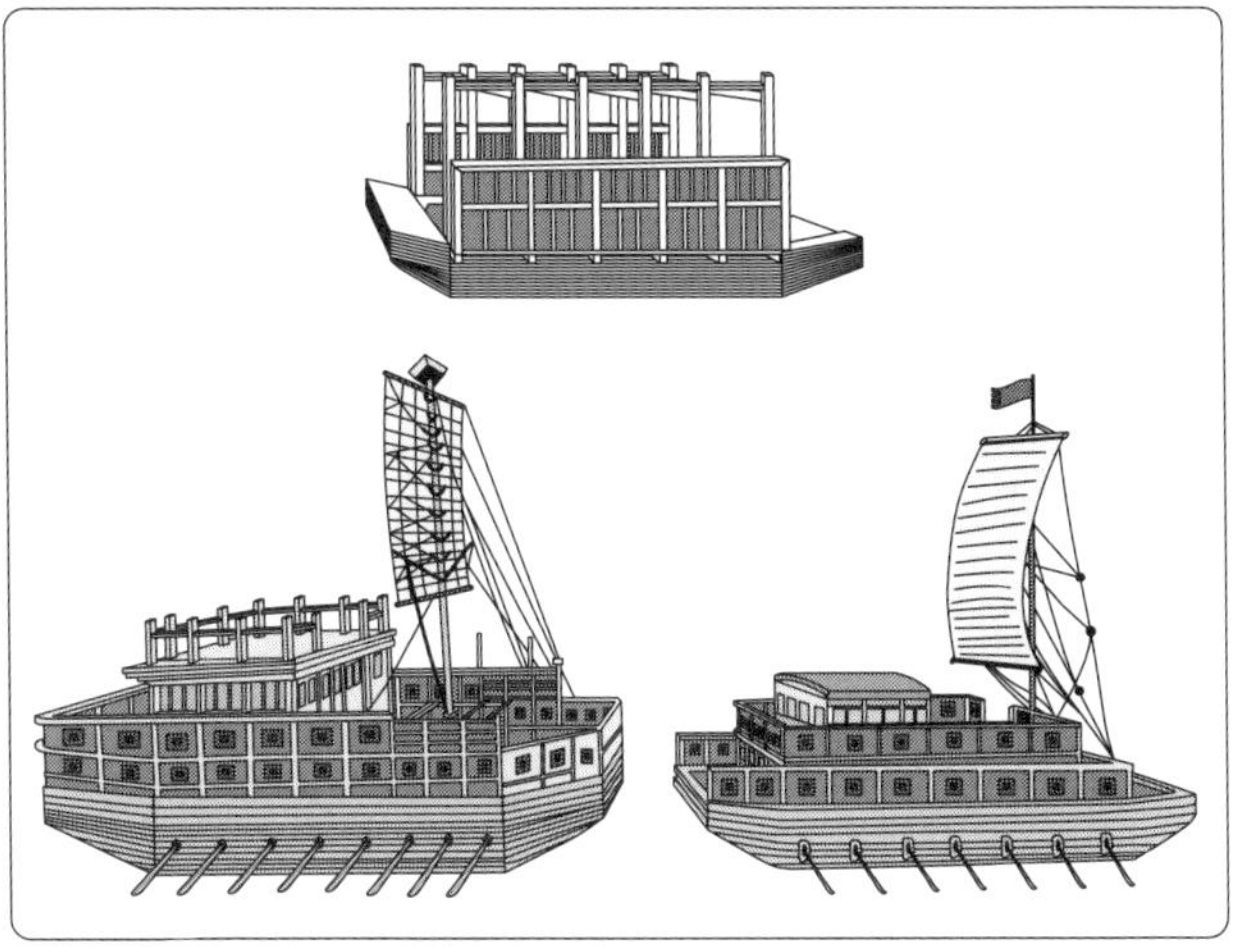

中国艦船
伯仲編著、中川友訳『図説中国の伝統武器』（マール社）を参考に作成

　翌二八日は、先に記したように、日本の水軍は周留の状況をよく観察・分析せずに中央突破を強行し、挟撃され逃げ場を失って大敗退、ただただ驚くばかり、指揮官を糾合《きゅうごう》することも忘れているほどです。

　上の図は、当時の中国の艦船です。本来は揚子江、黄河などのために造らせたものと思いますが、吃水《きっすい》はやや浅いものの、黄海を一気呵成《いっきかせい》に渡ることなど何も心配はなかったのでしょう。当時、倭国は遣隋使に続き、八回の遣唐使を派遣しています。この頃の遣唐使船の乗組員は一〇〇人ほど、竜骨がなかったせいか、何回も遭難を繰り返しています。この戦いでは、この遣唐使船クラスの大型船を用意することはできず、軽快な早船のようなものだったと考えられます。完成された武装の艦船、厖大《ぼうだい》な数の武器と火器、そして問題なのは、国力、社会の近代化、それに伴う軍政が完備していたかどうかです。

唐は六一八年の建国以来、政治改革を進めるとともに、五胡十六国の時代が終わり、隋の軍制もとり入れ、ほぼ完全といえる軍備、そして軍政整備を完全なものとしていました。国政改革は、六四二年新律令を発布、均田法《きんでんほう》、租庸調《そようちょう》を定めています。日本も、推古天皇以来、唐の制度に倣《なら》い、遣唐使、学生、学僧などを唐に送っていますが、まだまだそこまではおよばなかったのが実情です。

ここで、唐の府兵制《ふへいせい》について、少し触れてみましょう。

この制度は、北朝に始まり、隋朝はこれに沿いながら改革、兵士と農民を一体化した兵制に発展させたもので、士卒の供給源を平民階層にまで拡大、君主が直接統制したものです。国家が田を授ける均田制を基礎とし、兵農の一体化を実行したもので、府兵は任務を遂行する時に外に出るほかは、自己に分配された土地で農業生産に従事することになっていて、府兵に選ばれると、納税の義務が免除されるかわり、軍服・武器・兵料は自分で準備しなければならない決まりでした。これによって国家は負担が軽減でき、唐の府兵の数は、六八万人にものぼりました。交代で都の防衛、辺境の守備、出征することが、彼らの任務でした。

これに対し日本側は、各地の豪族を単位として、全国から集められた兵士が、訓練を受けずに博多に参集したようでした。『続日本紀』によれば、海戦で捕虜となった者の出身地が僅かですが記されていて、それによりますと出身地は全国に広がっていて、一番多いのは、越智姓の伊予出身者でした。

日本は、この海戦が短期間で大敗に終わってしまい、あまりの衝撃で唐の海軍の編成・装備・戦法など学ぶ余裕がなく、後世に活かせるものはなかったように思えます。この戦いで、日本は多くのもの、特に兵士を数千人単位で失いましたが、得たものは、唐の学者などを含む一〇〇余人にもおよぶ捕虜たちで、彼らはその後の日本の改革に力となったのでした。

百済の地は、戦乱のため、不毛に近い土地ばかりになってしまいました。行き着くところは新羅を頼らざるをえず、結果的に新羅も唐と不和となり、新羅は唐との戦いも勝利をおさめ、唐は朝鮮半島から撤退する結果となりました。

白村江の戦場を訪ねて

今回は、武内宿禰、神功皇后の新羅征討から斉明天皇の決断により始まり、天智天皇によって実行された百済復興のための白村江の戦いまで、三〇〇年余りの歴史をたどってきました。

全体的に見れば、唐による百済、高句麗の征討と両国の滅亡、あわよくば新羅の併合＝唐帝国の東方調略《ちょうりゃく》の完成の戦いの一環ですが、どう間違ったのか、どこまで本気であったのか、東海の倭国がこれに参戦し、問題が複雑化、国際化してしまったのです。

六六〇年、百済は唐と新羅の連合軍に敗れ滅亡、義慈王、太子隆以下は唐の都洛陽《らくよう》に連れ去られてしまいます。これに対し、百済の旧臣、鬼室福信と僧侶の道琛などが、百済復興のために立ち上がり、州柔城に立てこもったのです。この城が、錦江下流の周留城といわれる山城ですが、今もって錦江河口近くの北部にあったのか、河口南部か、それとも錦江河口と避城の中間なのか判明していません。それ以前に、白村江自体が確定していなかったのです。そこで、①白村江の地理上の確認、②白村江の戦いの場所の確認、③倭と唐軍の戦略と戦術の確認、を目的に現地を訪れてみました。

まず、①に関してですが、一般的に白江、白村江は錦江といわれていますが、『日本書紀』、『三国史記』新羅本紀、『旧唐書』などで明らかなように、白村江＝錦江とされています。但し、最近では、韓国の多くの学者たちを中心に、東津江河口、牙山湾奥の安城川河口入江南岸、牙山湾入口南岸などが比定地として挙げられています。しかし、筆者は、『三国史記』新羅本紀、太宗武烈王七年（六六〇）八月二日の条に、新羅を裏切った捕虜の「屍を白江（錦江）に投げ込んだ」という記述、『三国史記』百済本紀に記された義慈王最後の戦いなどからも、白村江＝錦江で間違いないものと考えています。

次に白村江の戦いの場所の確認ですが、まず、白村江（錦江）は韓国第三の大河、そして河底が九メートル前後と浅いことが分かっています。しかも黄海は世界最大級の大陸棚と広大な干潟《ひがた》があり、平均海深は四〇メートル強ということもあり、このあたりの潮位の差は極めて大きく、引き潮時には海底が海面から現れ、道のような海割れ現象が起こることで知られています。しかも、白村江（錦江）の中央部には隠れた砂丘が延々とつながっていること、河口から上流、少なくとも一〇キロメートルにわたっては、干満の差が著しく、船舶の航行に障害があったと思われます。現在も、河口より四キロメートルほどのところに堰堤が設けられ、水位の調節を図っています。

この事実を、倭国の水軍（前・中・後軍）は、いずれも承知していなかったと考えられます。河口がほぼ一キロメートルと広いため、第一日目の前軍は一気に白村江に突入して波に乗ったのか、周留城に急ぎました。ところが、それをあらかじめ読んでいた唐の水軍は、大・中・小の船艇を揃えて、「今や遅し」と待ち構えていたに違いありません。唐の水軍は「赤壁の戦い」をはじめ数多くの実戦を経験、部隊の編成、船の建設、人員の配置も当時の世界ではナンバーワンの戦力を持っていたと思われます。そこへ、日本海を北上、蝦夷征討のみの経験しかない倭国の船軍が、たとえ玄界灘を乗り切る船を用意しても、船の大小、火力の強弱、水深の測定の熟知、潮流に合わせた船の操縦等々、総合的戦力で敵《かな》う可能性はほとんどありませんでした。

『日本書紀』には、「日本の諸将と、百済王とが、気象を観〔察〕せずに、語りあい」と明記していますが、これは天候のことよりも、コミュニケーションの欠如を表していたことを指摘したものと考えられます。最後に、周留城の場所ですが、この地方は大きな連峰はなく、孤立した高山もなく、標高一〇〇メートル前後の低山が二〇〇以上ある地域で、本格的な山城を築くのに適した地はなく、ほとんど土塁、石塁、木の柵で囲まれた低高地の城柵だったと思われます。従って、現在も一目で山城と分かるものはありません。周留城を確定することは難しく、錦江の北岸、忠清南道舒川郡韓山面芝峴里の乾芝《かんし》山城、錦江の南岸全羅北道扶余郡上西面甘橋里の位金岩《いきんがん》（禹金）山城ほか諸説がありますが、いずれ

錦江河口堰堤（満潮時）

錦江河口堰堤（干潮時）

位金岩山城（周留城の碑）

も錦江から離れた場所です。ところが、先日位金岩山城を訪れたところ、麓の入り口には「位金山　周留城」という標識が建てられていて、この山城が周留城とされ、韓国国土地理情報院発行の地形図に「周留山城」と表記されているそうです。

しかし、豊璋が倭国の水軍を迎え、饗応したという『日本書紀』の記述からは、両所とも合致しません。但し、唐・新羅が拠点とした扶餘（泗沘）城の奪還《だっかん》を目指す復興軍としては、大河錦江の南岸遠くにあっては話になりません。少しでも扶餘に近い山城を強化して扶餘（泗沘）城を攻めるのが効果的でしょう。最近の韓国学界の周留城＝位金岩山城説には同意できません。

一般的にいえば、倭国は百済の旧宗主国としての地位の回復、一方唐は、新羅を含めた朝鮮半島の植民地化を目的としていました。結果的には、唐は新羅に裏切られますが、新羅としても、朝鮮半島の北部は唐から渤海《ぼっかい》へと移り、意図したようにはなりませんでした。

周留城の場所比定――韓国の学説

白村江の戦いで未だに事実が分からず、今なお議論が続き、多くの人が興味を持っているのが、「周留城」の場所の比定です。定説では「乾芝山城」ですが、ここでは定説とは違う韓国で主張されている学説について、筆者の友人、井川茂樹氏が次のような報告をしてくれましたので、参考までに紹介します。

現在、韓国の学会では、「位金岩山城」が「周留城」ではないかという説が多く、その一番の根拠は「山高く険しい」との『日本書紀』の記述と一致することによります。一方、定説の「乾芝山城」は恵まれた土地にあること、一九九九年の忠清文化財研究院による調査で高麗時代の築城と判断されています。但し、「位金岩山城」も近隣に一部米作が行われていたこと、また、数万人の復興軍が生活できるとは思えない山城地形が指摘され、確定には至っていません。「位金岩山城」説は初めに今西龍（一八七五―一九三二）京大教授により唱えられ、全榮來氏、李道學《どはく》氏に引き継がれています。

定説と違う比定は、「位金岩山城」（全羅北道扶安郡上西面甘橋里）です。「位金岩山城」と主張する説が根拠とする三つの考察がありますので、順に説明していきましょう。

①『日本書紀』の地理的・地形的特徴および古地名の記述からの考察

地理的特徴としては『日本書紀』天智紀元年（六六二）十二月に、この州柔《つぬ》（周留）は田畑は遠く土地はやせ農耕や養蚕には向いていない、ここは戦場の場所で、とあり、地形的には、今敵が攻めてこないのは州柔が山の険しいところにあり、山は高く険しく谷は細く深い、守りやすくて攻めにくいのが理由であると、記述されているが、これらは朴市田来津が豊璋、福信に周留城について語っています。一方、「乾芝山城」の海抜は一六九メートルで「位金岩山城」の半分の低さで田園地帯にあり、『日本書記』の地理的記述とは違うと判断されています。

「三韓征伐」で神功天皇が行った新羅出兵についての記述です。『日本書紀』神功皇后四九年条に、百済王と王子、荒田別、木羅斤資などは「意流村今のつるすきを云う」で会合

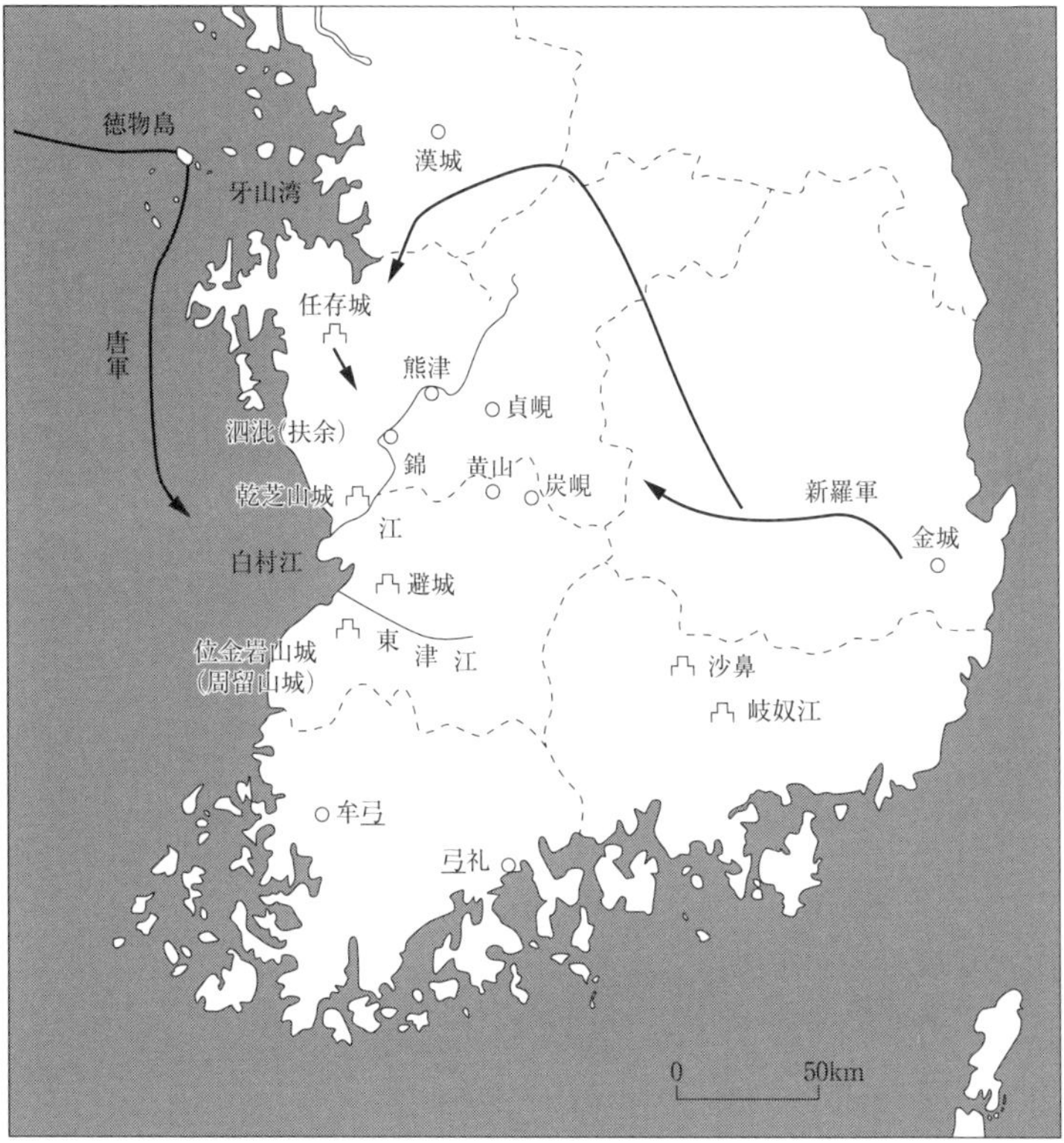

白村江の戦い関係地図
倉本一宏著『戦争の日本古代史』(講談社現代新書)を参考に作成

した。会ったことを喜び厚く礼を言って送り派遣した。千熊長彦は百済王と百済国へ行き辟支山に登って誓ったとあります。この「意流村」につけた注釈の「州流」と「州柔」はともに「周留」を指す古地名です。また、「辟支山」は「辟城」とともに現在の「金堤」の古地名で、「位金岩山城」とは東津江を挟んで東に位置します。

②福信が隠れていた窟室《くっしつ》の存在からの考察

『旧唐書』百済国 龍朔《りゅうさく》二年（六六二）には、「福信は既に兵権を握り、豊璋との間に相互の猜疑心《さいぎしん》が興《おこ》った。福信は病と偽り窟室に隠れた。豊璋が見舞いに来るのを待伏せしたが豊璋は部下と共に福信を呼び出して殺害した」とあり、福信が隠れていた窟室の存在が「周留城」にはあったとされています。

この窟室が「位金岩山城」にあります。『東国輿地勝覧《とうごくよちしょうらん》』扶安山川条に次の記述があり、「位金岩山城」に窟室があったことが書かれています。「兎金岩は辺山の頂にあり、その岩は丸く高く大きい。色が白く雪の様に眩しい。岩には洞窟が三つあり、それぞれ僧侶が住んでいる。岩の頂上は平らで眺望できる」と記述されています。

なお、『日本書紀』では、福信の殺害は天智二年（六六三）六月となっていて、『旧唐書』と一年のズレがあります。

③「豆良尹城《とうりょういん》」（周留城の古名）」からの考察

『三国史記』新羅本紀　太宗武烈王八年（六六一）に「周留城」の古名「豆良尹城」の場所に関する記述があります。「三月五日新羅軍は豆良尹城（周留城の古名）の南に駐屯した。百済軍が不意に攻撃し新羅軍は敗走、その後、十二日に新羅大軍で古沙比城外に造営し豆良尹城を攻めたが、攻めきれなかった」。

古沙比城は現在の井邑市にあり「万項江」下流にあたります。錦江下流ではありません。その古沙比城を睨む場所に「豆良尹城」があったので、そこは「東津江」となります。なお、「位金岩山城」が周留城と結論付けられると「周留城」から離れた「白江」（錦江）で海戦があったこともありえるわけで、謎が一つ増えることになります。

第六章 白村江の戦い(二)

――その後の倭国

順調に進んだ敗戦処理

ここでは、唐と新羅の連合軍の戦いに負けた倭国の敗戦処理について述べるのですが、この戦いは、百済、新羅、唐を含めた「倭唐戦争」というか、「唐倭戦争」になるのではないかと考えられます。倭国側の責任者、戦いのはじめからその後の敗戦処理すべてにわたって関与したのが、中大兄皇子（後の天智天皇）です。

六六三年、白村江の敗戦とともに倭国の水陸両軍が朝鮮半島から撤収、百済に残された倭の居留民と百済の多くの人々が、倭国の兵士たちと大和に帰国、あるいは亡命することになりました。後で述べますように、それら帰国・亡命した人々の受け入れ態勢を整えなければならないとともに、倭国に進攻してくる唐への恐れと、防衛策が重大な問題となりました。そこでまずはじめに、

①対馬、壱岐《いき》、筑紫に防人《さきもり》の配置と、狼煙《のろし》台網の設置

②筑紫に水を貯えた大きな堤、水城《みずき》の設置

③同じく筑紫に大野城と基肄《きい》城のほか、金田城（対馬）、長門城（長門）、鬼城（吉備）、屋島城（讃岐）、高安《たかやす》城（大和）などの建設

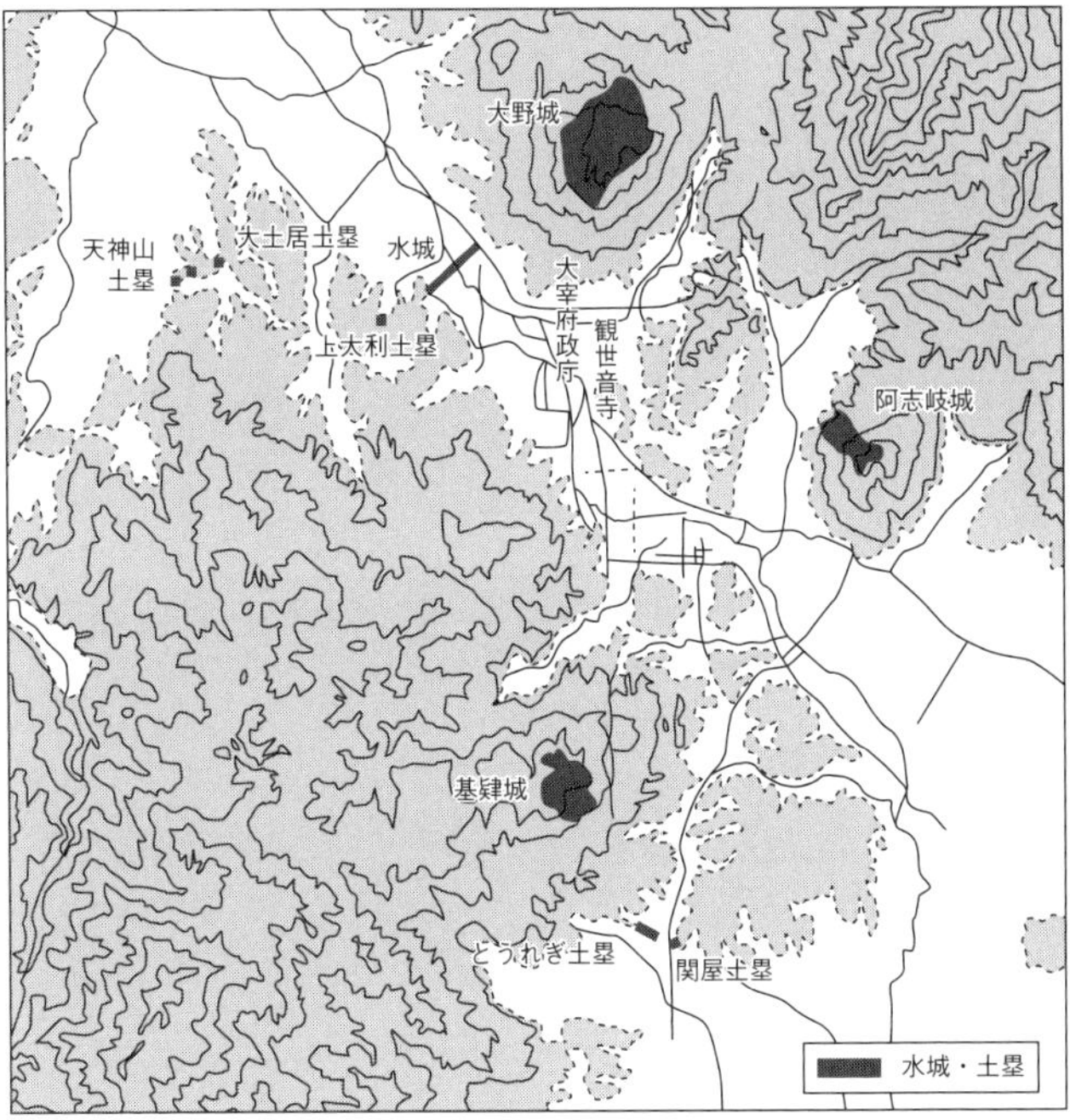

大宰府政庁と水城
杉原敏之著『遠の朝廷・大宰府』（新泉社）を参考に作成

④唐との対等な外交政策の推進

などが挙げられます。

その根幹は、倭国は決して敗北したのではなく、充分な軍事力を依然として保持していること、そのために、厖大な国費を使っての防衛ネットワークの整備を進めていることを、内外に誇示することでした。具体的には天智四年（六六五）の宇治での大掛かりな閲兵式の挙行、大和を守るため高安城に武器・資材の集積などがありました。

大津宮への遷都

天智天皇は、皇太子時代の白雉四年（六五三）、茅渟海《ちぬ》（大阪湾）に面した長柄豊碕宮《ながらとよさきの》から、孝徳天皇の反対を押し切って、孝徳天皇を残して皇后はじめほとんどの皇族を引き連れて飛鳥の河辺宮《かわらの》に戻っています。遷都に反対した天皇は、それをひどく恨み、皇位を捨てようとまで思い詰め、翌年崩御しています。この遷都の理由に関して『日本書紀』には何も記されていませんが、天智天皇は外敵に対してあまりにも倭国の首都が近すぎることを怖れ、地勢的なことを考えての遷都であったと思われます。

同様に、飛鳥の都も大和川を通じて難波、茅渟海へ約四〇キロメートルと近く、外敵から都を守るには距離的にも不十分であったと考えられ、天智六年三月十九日、近江に遷都を挙行しました。これに対し当時の人々は、天智天皇が近江国の大津宮に遷都するのを無駄なこと、無駄な出費であると、『日本書紀』に「天下の百姓は、遷都を願わず、風〔刺〕し諫〔言〕するものが多かった。童謡《わざうた》もまたおおかった」と記しています。

しかし天智天皇は、海から遠く、さらに山地を越えた大津宮が防衛上最適な土地であると確信したものと思われます。なぜならば、大津の地は淡海《おうみ》（琵琶湖）を眼前に、遠く塩津を越えて敦賀湾、そして日本海に通じ、東には瀬田の唐橋を通じて不破《ふわ》の関を経由して尾張、遠江《とおとうみ》に通じた軍事・交通の要衝であったからです。

大津京が置かれた地理的位置の重要性を、現在では理解しがたいでしょう。しかし、天智天皇の時代を遡ること三〇〇〇年以上前に、景行天皇が倭武尊《やまとたけるのみこと》とともにこの地に行宮《あんぐう》（高穴穂《たかあなほの》宮）を設け、東西にわたって倭国の統一の戦いを進め、続く成務天皇はこの地を宮都に定め、統一の成果によって行政の整備、各国の国境・郡境の確定を進めています。『古事記』の編者太安万侶はその序で、「境《さかひ》を定め邦《くに》を開きて、近つ淡海《あふみ》に制《をさ》め」と、成務天皇の事績を讃えています。

高穴穂神社

現在天智天皇の大津宮のすぐ北に穴太《あのう》という地名が残り、大正時代、高穴穂宮跡に高穴穂神社が創建されていますが、多くの学者はこの宮都を認めてはいません。しかし、尾張・物部氏の歴史を記した『先代旧事本紀《せんだいくじほんぎ》』（江戸時代の偽書としてあまり顧みられない書物ですが）の国造本紀には、極めて詳細にわたって諸国の国造の出自、任命の時期などが記されていて、その八〇パーセントほどが、成務天皇の高穴穂宮で決められていたとあります。これらのことからも、天智天皇の大津宮遷都は、極めて理にかなった戦略であったといえましょう。

唐との対等な外交政策

唐は六六〇年に新羅と組んで百済の泗沘城を陥落させ、百済を滅亡させます。その直後、百済王であった義慈王、そして王妃、太子隆以下を唐の都へ捕虜として連れ去り、結局百済王であった義慈王はその地で亡くなりました。そして唐は百済の遺民鎮撫《ちんぶ》のため、太子隆を熊津《ゆうしん》の都督《ととく》として戻し、隆は戦後処理にあたりますが、百済遺民たちはそれに服せず、唐と新羅の占領軍に対して各地で反乱を起こし、唐としては兵員の損害とともに莫大な出費を強いられることになりました。しかし唐は新羅をあくまでも百済に代わる政権を担《にな》う国とは認めず、最終的には唐への併合の道に奔《はし》ることになります。

一方新羅は、これまでの唐への従属に耐えてきたものの、唐の真意を知ることになり、反発を強め、間もなく唐と新羅の間に戦いが始まることになります。唐としては六六〇年の百済滅亡、六六三年の白村江への来襲の結果、倭国への敵意が強まったことが予想され、一部の記録によれば、倭国への侵略も考えられたことが窺われないこともありませんでした。これに対して、強烈な姿勢を打ち出したのが、倭国の天智天皇でした。すべての政策の決定権を持っていたのは天智天皇であり、天皇自ら唐から国を守るため、唐に対する防衛策を推進したことは、すでに述べた通りです。

最終的に唐は思ってもいなかった新羅との戦いに巻き込まれ、倭国は百済再興のために擁立した豊璋王には逃亡され、両国とも戦う本義を失ってしまい、そのため唐は、対新羅戦のために倭国が介入してくることを怖れるといった意外な事実に直面し、倭国に対する敵視政策を中止、宥和《ゆうわ》政策に転じざるをえなくなってしまいました。一方倭国では、唐の侵攻に対しての反撃体制が順調に進み、唐への軟弱な外交政策をとる必要もなくなったと思われます。

唐と倭国は、結局戦う相手を失い、衝突する必要もなくなってしまったのです。天智天皇は、この平和の到来を確認した後、間もなく崩御しますが、倭国は「壬申の乱」を経て、天武・持統天皇のもと、律令制度の整備とともに新しい時代を迎えることになるのです。

その頃のエピソードとして天智四年（六六五）九月に、唐の使者として遣わされた劉徳《りゅうとく》高《こう》が、天智天皇の太子大友皇子《おおともおうじ》に会った際に、「此の皇子、風骨世間《ふうこつせけん》の人に似《に》ず、実《まこと》に此の国の分《ぶん》に非《あら》ず（この皇子は風采骨格が世間の人に似ず、日本国の分際《ぶんざい》の人ではない）」と、『懐風藻《かいふうそう》』の「淡海朝大友皇子」の漢詩の前書きに記しています。なお、大友皇子の漢詩は、

天智天皇の御宴はべった時の詩

五言。侍宴。一絶。（五言。宴に侍す。一絶。）

皇明光日月
帝徳載天地
三才並泰昌
万国表臣義

（皇明日月《こうめいひつき》と光《て》らひ、帝徳天地《あめつち》と載せたまふ。三才並泰昌《さんさいなみたいしょう》、万国臣義《ばんこくしんぎ》を表《あら》わす）

と、自分の心の内を述べた詩

五言。述懐。一絶。（五言。懐《こころ》を述《の》ぶ。一絶。）

道徳承天訓
塩梅寄真宰
羞無監撫術
安能臨四海

（道徳天訓《てんくん》を承《う》け、塩梅真宰《えんばいしんさい》に寄《よ》る。羞《は》づらくは監撫《かんぶ》の術《わざ》無きことを、安《なに》にぞ能《よ》く四海に臨《のぞ》まん）

の二首が収められています。

また、天智天皇は、白村江戦役に関しての将兵に対して、敗戦に関して一切の責任を問い質《ただ》していないことです。これは、倭国が敗戦したことを認めないことを意味していて、唐に対しても倭国の敗戦を認識させなかったことになります。事実、倭国は間もなく「壬申の乱」が勃発、政治改革の進展とともに、この乱で費やされた膨大な費用に対しても充分耐えうる国力が備わっていたのです。

日本に亡命した百済の人々

天智二年（六六三）八月、白村江の戦いで百済が滅亡、大量の遺民が倭国に渡来、これらの遺民の流入を大和朝廷が友好的に受け入れたことは、『日本書紀』の伝えるところです。その後の彼等の行く末はどうなったのでしょうか。

その年の九月、倭国の水軍とともに倭国に亡命した百済人の中に、佐平（十六位階の第一）の余自信《よじしん》、達率《だちそち》（十六位階の第二）の木素貴子《もくそきし》、谷那晋首《こくなしんす》、憶礼福留《おくらいふくる》などがいたことを『日本書紀』は伝えています。

その後、朝廷は百済の旧官位を勘案して、佐平の余自信に大錦下《だいきんげ》（従四位）、鬼室集斯《きしつしゅうし》（福信の息子？）に小錦下《しょうきんげ》（従五位下）を授け、天智八年（六六九）には、彼ら男女七〇〇余人を近江の蒲生《がもう》郡に移住させています。それに先立ち、百済の農民男女四〇〇余人を同じく近江の神前《かんさき》郡に居住させ、田を支給するなどの手厚い処遇をしている記録があります。余自信、鬼室集斯ら高官は、それぞれ故国での経験・知識を生かし、天武天皇の侍医となった億仁《おくに》、大友皇子の学士の一人となった沙宅昭明《さたくしょうめい》、唐からの襲撃を防御するための山城築造を指導した答㶱春初《とうほんしゅんそ》、憶礼福留、四比福夫《しひふくお》など、政治、土木、兵法、医学、薬学、陰陽道といったさまざまな分野で活躍しています。

そして、百済から亡命したのか確かなことは分かりませんが、百済再興のため倭国から派遣された豊璋の実弟にあたる善光（塞上）を、天智三年（六六四）、難波に居住させたという記事が『日本書紀』にあります。善光は、豊璋とともに倭国に人質として送られ、大和にいる間は目立った行動・業績はなく、安逸《あんいつ》に暮らしていたようです。

斉明天皇六年の『日本書紀』には、或本はいうとして、「天皇は豊璋を立てて王とし、塞上《さいじょう》を立てて輔《たすけ》となし、礼をもって発遣した」という記事がありますが、善光が本国に帰

百済の官位

百済の官位（十六品）	
官　位　名	
内臣佐平	最上級
内頭佐平	財政担当
内法佐平	礼儀・儀礼担当
衛士佐平	王の護衛・近衛隊長
朝廷佐平	司法担当
兵官佐平	地方の軍事担当
二　品	達率
三　品	恩率
四　品	徳率
五　品	扞率
六　品	奈率
七　品	将徳
八　品	施徳
九　品	固徳
十　品	季徳
十一品	対督
十二品	文督
十三品	武督
十四品	佐軍
十五品	振武
十六品	克虞

国して復興軍に加わるとか、情報収集にあたるとかいった、百済滅亡から白村江の戦いまでの三年間の働きは記録されていません。これに対して大和朝廷は百済王家が滅亡した後も、百済からの多くの難民・亡命者に対して異例の厚遇をもって対処することになり、善光も百済王の末裔《まつえい》として百済からの難民・亡命者たちの心のよりどころにと考えた処遇だったのでしょう。

善光に関しては、九世紀初めに編纂された『新撰姓氏録《しんせんしょうじろく》』には、「百済王出自百済国義慈王也」と、また、『続日本紀』天平神護《てんぴょうじんご》二年六月の条には、善光の曽孫百済王敬福《きょうふく》の薨去《こうきょ》に関して、「その祖先は百済国の義慈王（三十一代の王）高市岡本宮《たけちおかもとのみや》で天下を治められた天皇（舒明）の御世に、義慈王はその子の豊璋王と禅広王を日本に遣わして、天皇の側近に侍《はべ》らせた。（中略）禅広はそのため百済に帰らなかった。藤原の朝廷（持統《じとう》帝）は禅広に百済王という称号（氏姓）を賜わり」とあるので、善光は、豊璋と一緒に百済へは帰国せず、そのまま倭国にとどまっていたのではないでしょうか。

その後の善光に関しては、天武三年正月、善光の息子昌成《しょうせい》が薨去した際には、『日本書紀』に、「百済王昌成《しょうじょう》が薨じた。小紫〔従三位〕の位を贈った」という記述があるように、百済王一族としては初めて小紫（従三位）位の官位を授与されています。さらに、善光の息子昌成の死去を「卒」ではなく「薨」と記していることから、善光とその一族は皇族に準じる存在だったといえます。

さらに、善光と孫の遠宝《えんほう》・良虞・南典《なんてん》には、持統五年には、百済王の姓と「従三位」「従五位上」の冠位が与えられています。そして同年、浄御原令《きよみはらりょう》により食封《じきふ》が一〇〇戸加増され、合わせて二〇〇戸となっています。◦ 持統五―七年の間に「百済王」の姓と位階が授与された善光とその一族は、律令体制のもとで官人としての地位を確立、奈良時代、多くの百済王氏が従五位もしくは四位、三位にも叙位されています。

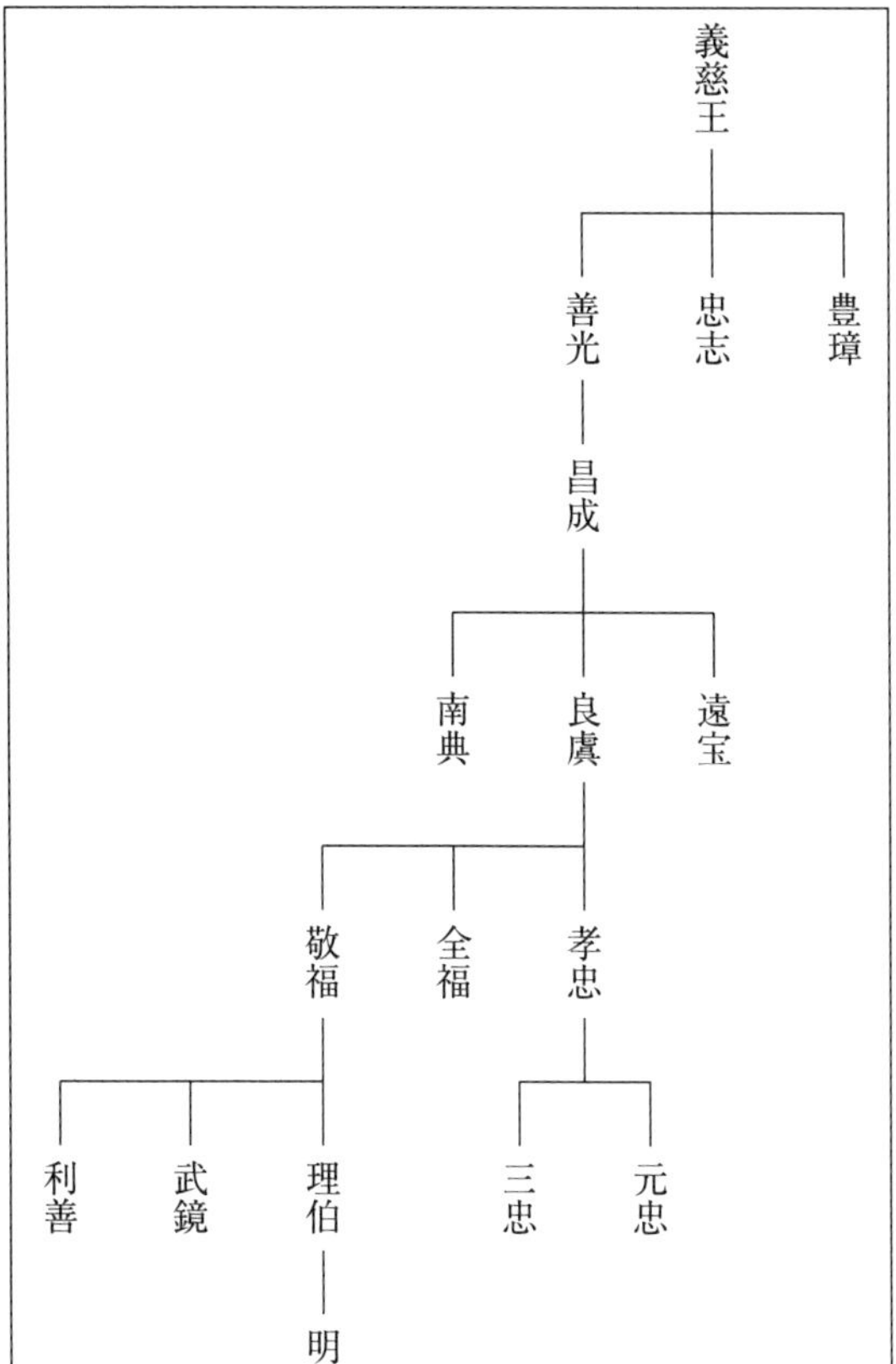

百済王家系図（義慈王以降）

百濟王神社

「従五位」は、いわゆる貴族の位階とされ、多くの百済王氏が貴族・官人であったことが分かります。

その後、百済王一族は難波（摂津国百済郡）から河内国交野《かたの》郡（現在の大阪府枚方《ひらかた》市中宮《なかみや》）に移住、現在この地は百済王氏の氏寺である百濟寺跡と、百済氏の祖霊を祀っている百濟王神社があり、百済王氏の後裔《こうえい》を自称していたのが、百濟王神社の旧神主三松《みまつ》俊雄氏で、三松俊雄氏は大正期には枚方《ひらかた》町長を務めています。氏は、三松家伝来の「百濟王三松氏系図」によって、百濟王善光四十四世と称していますが、学界から「系図」に対する異論が提出されているのが現状です。

第七章 任那日本府の実像

——日本府という名称は新羅王が使った

任那は実在したのか

平成二十五年（二〇一三）、「韓国がけっして教えない歴史」と副題を付した『知っていますか、任那日本府《みまなにほんふ》』という本を、出版しました。帯には、「古代の朝鮮半島南部は日本が支配していた　韓国よ、事実から目を背けるな」と、いささか挑発的な文章が書いてあります。最近でも「任那」という呼称を否定する風潮が大勢を占めていますが、筆者は、百済と新羅にはさまれ朝鮮半島南部、沿岸部で栄えた二十余の小国群、任那と称される地域の存在に光を当て、語らねばとかねてから考えていたからです。

ところが、任那（加羅・安羅）に関して、肝心の『三国史記』百済本紀には全く記載がなく、新羅本紀には若干触れてはいますが『日本書紀』の分量にくらべると数十分の一程度、それも「伽耶《かや》が人質を送ってきた」といったような内容の単純なものばかりです。一方、『日本書紀』には、内容も豊富で具体的なことが多く記載されています。特に雄略天皇八年（四六四）に初めて出てくる「任那日本府」という呼称は、欽明《きんめい》天皇十三年（五五二）までの間に三五件も使われています。『日本書紀』抜きには、任那の歴史は成り立たないといっても過言ではないでしょう。

それに加えて、任那建国期に触れた貴重な史料として、「倭《わ》の西北と境界をなす狗邪韓《くやかん》国《こく》（慶尚南道金海郡地方）」（『後漢書』倭伝）、弁辰の「瀆盧国は倭と〔境界を〕接している」（『三国志魏書』弁辰伝）などの中国の史書があります。また、四二一年から五〇二年にわたって中国南朝に遣使した「倭の五王」に与えられた官号・爵位にも「任那・加羅」

「倭の五王」の官号および爵位
山尾幸久著『古代の日朝関係』（塙書房）の表を基に作成

南朝	年次	王	分類	官号・爵位
宋	四二一	讃	冊封	安東将軍・倭国王
宋	四三八	珍	自称	使持節・都督倭　百済　新羅　任那　秦韓　慕韓六国諸軍事・安東大将軍・倭国王
			冊封	（倭隋ら十三人に将軍号を申請して許される）
宋	四四三	済	冊封	安東大将軍・倭国王
宋	四五一	済	加号	使持節・都督倭　新羅　任那　秦韓　慕韓六国諸軍事・安東大将軍・倭国王
			進号	（二十三人に郡太守号・将軍号を申請して許される）
宋	四六二	興	冊封	安東将軍・倭国王
宋	四七七	武	自称	使持節・都督倭　百済　新羅　任那　秦韓　慕韓七国諸軍事・安東大将軍・倭国王
宋	四七八	武	冊封	使持節・都督倭　百済　新羅　任那　加羅　秦韓　慕韓六国諸軍事・安東大将軍・倭王
斉	四七九	武	冊封	使持節・都督倭　新羅　任那　加羅　秦韓　慕韓六国諸軍事・安東大将軍・倭王
梁	五〇二	武	冊封	使持節・都督倭　新羅　任那　加羅　秦韓　慕韓六国諸軍事・安東大将軍・倭王

酒匂本　東大考古室本　シャバンヌ本　羅振玉本

広開土王碑拓本写本の「任那」の文字
徐建新著『好太王碑拓本の研究』（東京堂出版）より改編

の国名が記されています。

さらに、中国吉林省集安市の鴨緑江河畔《かはん》に建てられた、第十九代高句麗の広開土王（三九二―四一三）の生涯を刻んだ石碑「広開土王碑」には、倭国とともに任那の国名（加羅・安羅）の文字がハッキリと読み取れます。

西暦三九〇―四一〇年頃、日本は朝鮮半島東西で大規模な戦争に主力として参戦し、百済を高句麗から助ける一方、東海岸では任那とともに北上、新羅を攻略しています。日本史上初の海外での大規模な戦争でした。北を燕《えん》国に抑えられ南下を決意した高句麗、その脅威《きょうい》を直接受ける新興の百済、その百済を支援しながら任那とともに新羅を攻略、首都金城を占領し、国境をめぐって争っている倭国の様子が窺えます。

高句麗と倭国の直接対決の結果は、どうなったのでしょうか。仁徳天皇十二年（四〇八）高句麗の使節が来朝し、饗応を受けていることから、講和が成立したと考えられます。倭から出向いたのではなく高句麗からの来訪であり、戦況は五分五分ないしは、倭に有利に終わったものと考えられます。

しかし、この「広開土王碑」をめぐっては、発見者の日本の旧陸軍の酒匂《さこう》中尉が入手した碑文の拓本は、近代日本の朝鮮半島進出を正当化するために、都合の良いように改竄《かいざん》したもので信用できないと主張する在日の研究者李進熙《イジンヒ》による『広開土王陵碑の研究』（吉川弘文館）が公刊され、内外にセンセーションを巻き起こし、一時は「広開土王碑」の研究がストップしてしまいました。この問題に決着がついたのは平成十八年（二〇〇六）、中国で酒匂中尉が入手した拓本よりも古いものが発見され、照合した結果一致したこと、意図的な書きかえの痕跡《こんせき》はないことが判明したのです。

朝鮮半島で発見された前方後円墳の一つである月桂洞一号墳（韓国光州広域市）　1993年と1995年に発掘調査された

「広開土王碑」に加えて一九八〇年代、朝鮮半島南西部の栄山江沿いに、日本で独自に発達した墓制である前方後円墳が次から次へと発見されています。この前方後円墳に関しては、戦前、固城にある「松鶴洞古墳」が鳥居《とりい》龍蔵《りゅうぞう》によって前方後円墳と確認されていましたが、何と平成二十四年（二〇一二）筆者が訪れた時には、二つの丘が三つになっていたのです。韓国側の発掘調査の結果、第一号墳（韓国側の呼称）は前方後円墳ではなく、三基以上の大小古墳群が重複していることなどから、前方と後方を二分し、その間に醜悪《しゅうあく》な小山をつくってしまったのです。あまりにも学問を無視した、無謀な行いといわざるをえません。

三つの円墳になった松鶴洞古墳（慶尚南道固城郡）

慶尚南道の沿岸部では新石器時代の貝塚、青銅器時代の遺跡など多数の遺跡から、海を渡った弥生人の足跡を示した品々が発掘されています。最近発掘された金海地方の大成洞遺跡からは、筒型《つつがた》銅器、巴型《ともえがた》銅器、鏃型《やじりがた》石製品、紡錘車形《ぼうすいしゃがた》石製品など、日本の古墳時代に関係する品々が出土しています。

一九九〇年代には、筆者も訪れた、韓国西海岸辺山半島の竹幕洞祭祀遺跡から発掘された大規模な海上祭祀跡からは、沖ノ島《おきのしま》祭祀遺跡（福岡県宗像市《むなかたし》）出土のものと酷似《こくじ》している石製模造品が出土していることから、これらは、倭国からもたらされたものと考えられています。

以上のことなどから、筆者は、「任那日本府」の呼称はともかくとして、任那日本府の存在は早くて西暦二〇〇年以前、妥当な線でも二一〇―二三〇年頃、まとまった形になるのは三九〇年頃からと考えています。

任那の実態

長々と、任那という国の呼称、存在について述べてきましたが、任那（加羅・安羅）の国々をすべてめぐって分かったことは、豊かな土地の割には山々に遮《さえぎ》られ、狭隘《きょうあい》な村落の集まりが多かったことでした。そのため、任那は一国としての体裁は最後まで整うことはなく、五三二年に滅亡することになりました。

「任那日本府」の呼称が最初に出てくるのは、雄略天皇八年（四六四）であると述べましたが、それを言葉にしたのは新羅王（慈悲麻立干《じひまりつかん》、在位四五八―四七九）でした。新羅王は、新羅が高句麗の来襲を受け、国は累卵《るいらん》の危機に瀕《ひん》しているとの使いを任那王に出し、

「日本府の軍将ら」に救援を願い出たのでした。

記録に残る限り、「日本府」という名称を使ったのは倭（日本）人ではなく、新羅王だったのです。そこで要請を受けた任那王は、膳臣斑鳩《かしわでのおみいかるが》、吉備臣小梨《きびのおみおなし》、難波吉士赤目子《なにわのきしあかめこ》らを新羅救援に行かせたというのです。膳臣と吉備臣は古代中央の豪族で、難波吉士は大阪湾一帯の勢力をバックに、大和朝廷の軍事・外交を担った豪族です。これら三大豪族を代表する将軍たちが揃って新羅救援に出向くのは、高句麗と一大決戦に臨むためのものと思われますが、二、三年、数次にわたっての戦いを一つにまとめられたという可能性も否定できません。

この新羅王の要請の発端となったのが、約六〇年前に遡る「広開土王碑」が記している、高句麗による新羅救援（三九九年と四〇〇年）で、高句麗は倭国と任那諸国の軍勢を国内から駆逐した（救援の実は挙げた）にもかかわらず、全面駐留ではないものの、居座りを決め込んだものと考えられます。

ちなみに『日本書紀』に任那の記載が最初にあるのは、崇神《すじん》天皇六十五年に、任那国が蘇那曷叱知《そなかしち》を遣わして朝貢してきたことを伝えています。筆者は崇神天皇の在位を三〇九—三一八年と考えていますので、この時期、『三国史記』には倭国と任那との関係の記録が全くない時代の、貴重な史料が残されていることを嬉しく思います。

ところで、任那はどのような地域連合体を作っていたのでしょうか。

五〇〇―五一〇年頃の任那は、南加羅《みなみから》、乞飡《こちさん》、安羅、斯二岐《しにき》、久嗟《こさ》、子他《した》、多羅《たら》、散半下《さんはんげ》、加羅、稔礼《にむれ》、卓淳《とくじゅん》、喙己呑《とくことん》、比自炑《ひじほ》、卒麻《そちま》の十四カ国にのぼっています。倭国はこれらすべての国を直接的、間接的に統括していたのではなく、外交・軍事面では協議を行い、その結果、場合によっては実力部隊の派遣を行うというような存在ではなかったかと考えています。

雄略、清寧《せいねい》天皇の時代、倭国は百済の後ろ盾として有力な文官・武官を現地に派遣していました。四七五年、百済は高句麗の南下政策によって首都漢城が陥落、王族は皆殺しに遭ったため、急遽《きゅうきょ》即位した文周王（在位四七五―四七七）も出自《しゅつじ》に問題があったのか、力及ばず王家は一時断絶となりました。そこで雄略天皇は、人質であった昆支《こんき》王（殺された蓋鹵《がいろ》王の弟）の第二子末多《また》王に兵をつけ熊津（公州）に送らせ、東城《とうじょう》王として即位させることになりました。

皇位継承問題と百済・新羅の任那侵食

一方、倭国では、雄略天皇の崩後（四七七年）、二度にわたる皇位継承問題が持ち上がり、継体天皇十年（五一六）頃まで四〇年近く政治・外交・軍事面で空白が生じたと考えられます。当然のことながら任那への関心・関与が薄れ、その混乱に乗じた百済と新羅の任那への侵食が行われていきます。

漢城を失い熊津に遷った百済は、活路を南に求め、東城王を継いで国力を回復した武寧《ぶねい》王は、この機をとらえ、倭国で親交の厚かった継体天皇に任那四県（上多唎《おこしたり》、下多唎《あるしたり》、沙《さ》陀《だ》、牟婁《むろ》）の割譲を訴え、反対意見があったものの、「いずれ百済のものになるから」との言により許可されてしまいました。翌年には己汶《こもん》、帯沙《たさ》も割譲・譲渡され、任那は後背《こうはい》地《ち》を失うことから反対しましたが、倭国はこれを容認、その不甲斐なさに任那諸国の求心力は急速に失われていきました。

一方、新羅は進取的な法興《ほうこう》王（在位五一四―五四〇）が洛東江沿いの各国を懐柔、内紛を誘発させつつ、任那の中心地である南加羅（金海）と喙己呑に進出、傘下に収めます。継体天皇二十年（五二六）のことです。翌五二七年、倭国は新羅に奪われた南加羅・喙己呑を奪還するため、六万の兵を率いた近江毛野臣《おうみのけののおみ》を新羅に派遣しましたが、筑紫《ちくし》の豪族磐《いわ》井《い》に進軍を阻まれ（「磐井の乱」）、延期となってしまいました。

「磐井の乱」によって一時中断していた任那の問題は、百済王が加羅の多沙《たさ》の津を朝貢の経由地として賜りたいとの要求を大和朝廷がのんだことから、加羅王は倭国に恨みをいだき、新羅と親交を結び、加羅国王は新羅王の娘を娶《めと》り子どもをもうけたと、『日本書紀』は伝えています。

このような状況の中、朝鮮半島に渡った近江毛野臣は、百済・新羅両国王に安羅国に参

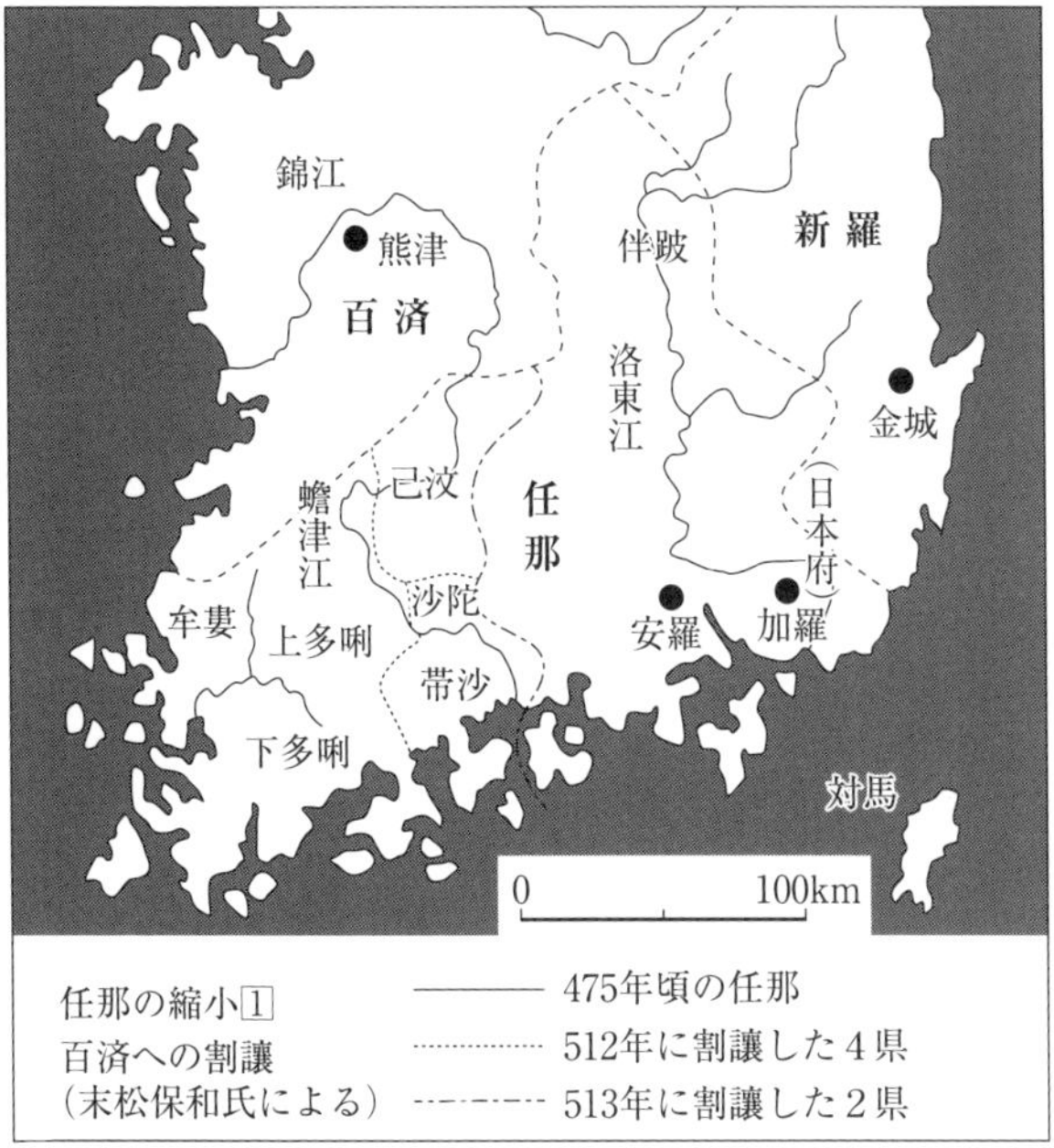

任那の縮小①
山田宗睦訳「原本現代訳　日本書紀(中)』(ニュートンプレス)を参考に作成

集するように呼びかけましたが、王の代わりに百済は将軍らを、任那の地を奪ったことを恐れた新羅は下級役人を遣わしました。この時、安羅国は高殿を新しく建て、勅使の近江毛野臣ほか国内の高官でも登壇を許されたのはわずか一、二人、百済の将軍らは堂の下で待機させられ、堂上の謀議には加わることができなかったので、そのことを深

く憾《うら》みに思ったといわれています。この高殿跡が発掘されたとの情報をえて、早速訪ねてみると、咸安市内の忠義公園裏の小高い丘の上に、建物の構造を記した説明板などがありました。帰国してから、朝鮮総督府編集の『古蹟調査特別報告 大正六年度』の図と照合しながら、往時をしのぶことができました。

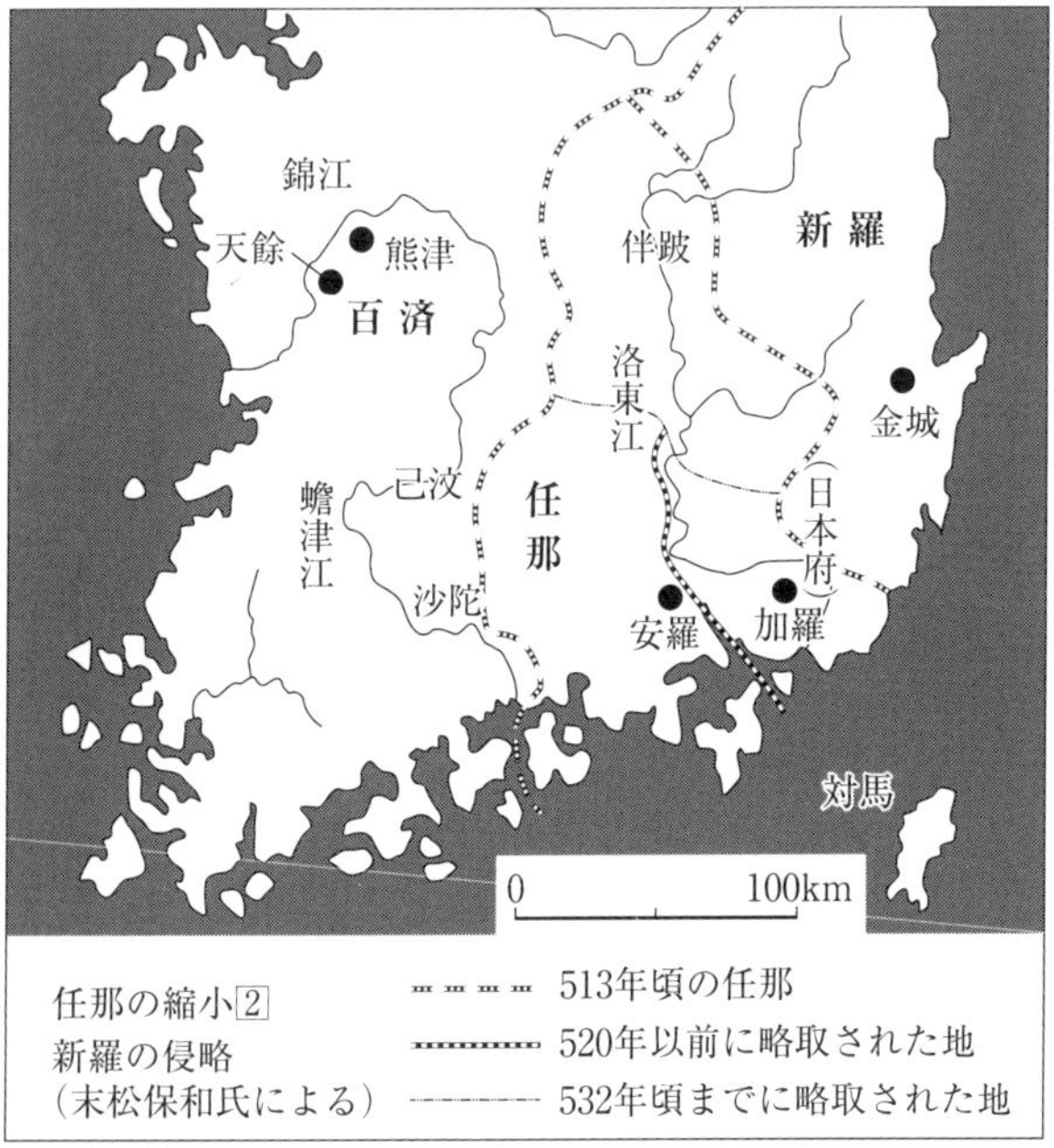

任那の縮小②
山田宗睦訳「原本現代訳　日本書紀(中)』(ニュートンプレス)を参考に作成

　近江毛野臣は、再度百済・新羅王を招集しますが、役人を派遣するだけで両国王はやってきませんでした。両国王の招請にこだわり、三千の兵を従えてやってきた新羅の王族との会見を拒み続けているうちに、新羅兵と毛野臣の従者との間に起こった諍《いさか》いが引きがねとなり、任那南部沿岸の四村を奪われる羽目となってしまいました。任那復興の努力をせず、ひたすら保身につとめる毛野臣の拙劣《せつれつ》な外交手腕が、任那衰退に拍車をかけることになってしまったのでした。

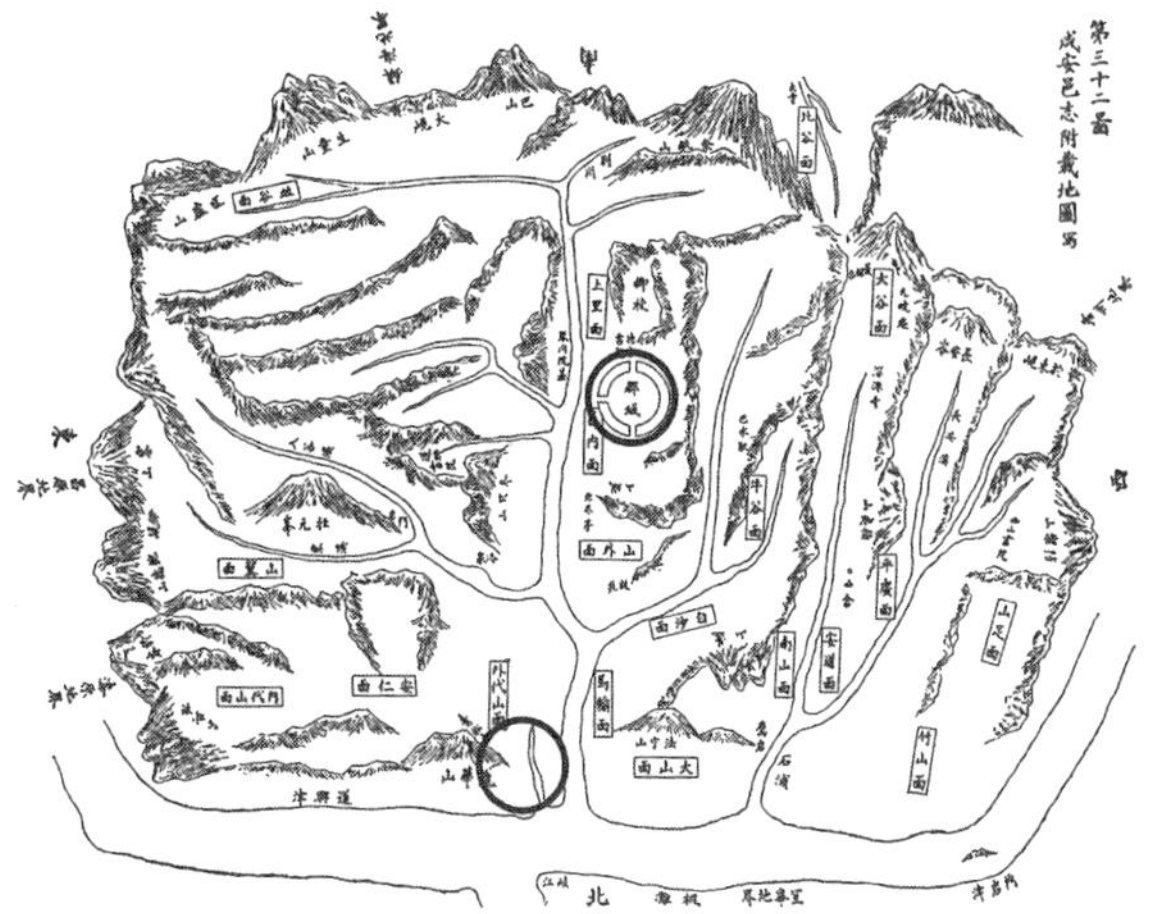

安羅国王宮殿跡と高殿跡図
（右上〇印が王宮、左下〇印が高殿の位置）
朝鮮総督府編集『朝鮮考古資料集成15　古蹟調査特別報告　大正六年度』（出版科学総合研究所）より

任那復興の動き

継体天皇崩後、任那諸国は急速に求心力を失って衰退しましたが、任那・加羅諸国を何とか元に戻そうと、復興に積極的に取り組んだのが欽明天皇でした。特筆すべきは、欽明天皇が武寧王を継いだ聖王（在位五二三―五五四）に委嘱して、王の召集で復興会議を五四一年と五四四年の二回、熊津から遷都した扶餘で開催したことでした。二人は度々使節を派遣して意思の

安羅国王宮と高殿跡（現在の咸安市忠義公園裏地）

疎通を図りましたが、百済は常に高句麗の脅威にさらされていて、兵力を任那に割《さ》くのが難しいこと、一方倭国も兵力はせいぜい千人単位でしか送れず、局面打開までの決断ができなかったこと、百済王から再三指摘されているように、任那の日本府では日本府の官人や現地で生まれた官人らが主導権を握っていた上に、その一部が新羅と通じていたため、復興の障害となっていたこと、百済が下韓《あるしから》に郡令、城主を常駐させていて、倭国側の不信をかっていたこと、等々の理由によって芳《かんば》しい成果は得られませんでした。

　結局、十年間は堂々めぐり、その後の五年間は高句麗の南下攻勢が強まり、百済にとっては任那どころではなくなり、

第1回・第2回任那復興会議メンバー

国名	比定地	官職		氏名
安羅	慶尚南道咸安	次旱岐	（王族）国王代理	夷呑奚、大不孫、久取柔利
加羅	慶尚北道高霊	上首位	官位筆頭	古殿奚
卒麻	慶尚南道率利馬？	旱岐	国王	
散半下	慶尚南道草渓	旱岐の子	王子	
多羅	慶尚南道陝川	下旱岐	（王族）国王代理	夷他
斯二岐	慶尚南道宜寧	旱岐の子	王子	
子他	慶尚南道居昌または晋州？	旱岐	国王	

国名	比定地	官職		氏名
安羅	慶尚南道咸安	下旱岐	（王族）国王代理	大不孫、久取柔利
加羅	慶尚北道高霊	上首位	官位筆頭	古殿奚
卒麻	慶尚南道率利馬？	君《きし》	国王	
斯二岐	慶尚南道宜寧	君《きし》	国王	
散半下	慶尚南道草渓	君《きし》の子	王子	
多羅	慶尚南道陝川	二首位	官位第二位	訖乾智
子他	慶尚南道居昌または晋州？	旱岐	国王	
古嵯	慶尚南道固城	旱岐	国王	

国の防衛のため倭国軍の派遣を求めてくるまでになってしまいました。五五四年、老臣の諫《いさ》めを振り切り、新羅攻撃に赴いた息子の余昌《よしょう》を慰問するために訪れた地で、聖王は新羅の奴隷に首をはねられるという不慮の戦死によって、任那の復興作戦は幕を閉じることになりました。『日本書紀』欽明天皇二十三年（五六二）には、「新羅は任那の官家を攻め滅ぼした」と記しています。この後に続けて、「（一本はいう、二十一年に、任那が滅んだ。総〔体〕を任那といい、別に加羅国、安羅国、斯二岐《しにき》国、多羅国、卒《そち》麻《ま》国、古嵯《こさ》国、子他《した》国、散半下《さんはんげ》国、乞飡《こちさん》国、稔礼《にむれ》国という。合せて十国。）」とも記しています。

その後、欽明天皇は、神功皇后の新羅征討以来の故地を失ったことに対する悔恨《かいこん》の念と復讐の思いから、任那の地の回復を誓い、兵を任那に送るなどの軍事計画を進めますが、失敗に終わりました。その直前、新羅は遣使して調賦《みつぎもの》を献じたと、『日本書紀』にあります。この時の使者は、新羅が任那を滅ぼしたことを承知していました。それから十年の空白期間があった後、欽明天皇三十二年（五七一）三月五日に、「坂田耳子郎《いらつ》君《きみ》を新羅に遣使して、任那が滅んだ〔理〕由を問うた」とあります。

高句麗の来襲を受け、任那の日本府に救援を要請したこともある新羅は、聖王が新羅との戦いで戦死すると、これを待っていたように東海岸を北上、百済の旧都漢城を手に入れます。それに引き替え聖王亡き後の百済は南下する高句麗、東からの新羅の圧力により、倭国に度々救援を求めます。

斉明天皇六年（六六〇）、百済が新羅と唐の連合軍に破られたことを大和朝廷に報告、併せて援軍と人質の王子豊璋を国王として迎えたいとの要請を申し入れてきます。これを許すとともに斉明天皇は、征西《せいせい》を決意します。翌七年（六六一）正月、海路娜の大津（博多港）に向かい、自身は五月、朝倉橘広庭宮を行宮として滞在しますが、七月に天皇は崩御、百済救援は中止となります。斉明天皇の遺志を継いだ天智天皇は、天智天皇二年（六六三）、百済王となった余豊璋と重臣鬼室福信の要請を受け、陸兵二万七千余人、水軍四百艘（『旧唐書』による）を派遣、白村江に布陣していた唐軍と戦います。陸では百済王と鬼室福信の争いで戦う前に分裂、白村江では気象、作戦ミスで敗退となり、この白村江の戦いにより、倭国は朝鮮半島から完全に手を引くことになります。

新羅は、隋、唐初を通じ優れた外交に加え、地の利、天の時に恵まれ、朝鮮半島の統一へと突き進みます。統一が実現されたのは六七六年のことでした。これとは逆に高句麗は、無謀な対隋・対唐戦と内訌《ないこう》で、百済は国力を無視した対新羅戦で唐を半島に引き入れたため、百済は六六三年、高句麗は六六八年に滅亡に至ってしまいました。

任那滅亡後の新羅の「任那の調」

新羅と倭国の関係は、任那が滅亡した五六二年以後も続きました。いわゆる新羅による「任那の調《みつぎ》」の始まりです。一八三頁の表は新羅からの遣日本使を一覧にしたものです。○内天皇名の下は天皇の在位年数、その下は天皇の在位中に来朝した新羅の朝貢使です。○内の数字は官位を、数字の入っていない○は官位が不明、「祝」は祝賀使、「弔」は天皇崩御の際の弔問使を表しています。この表から任那復興に心をくだいていた欽明天皇以降一二〇年間の倭国と新羅の関係が、次のように把握できます。

①倭国側は、来朝した新羅使の官位を克明に記録していて、これによって、新羅使の来朝の目的とその重要度が推量できます。
②この一二〇年のうち、六二七年から六七七年の五〇年間が、新羅対高句麗、新羅対百済、新羅の要請に応じた唐の百済征討、その前後の唐・高句麗戦争と戦乱の時代が続きました。我が国でいえば、推古天皇朝の末期から天武天皇の治世半ばまでにあたります。新羅としては、倭国が百済側に立って参戦するのを阻止すること、友好の証しに、（任那・加羅占領の見返りとして）「任那の調」の復活、倭国の情勢の把握という目的を持っての使節の派遣が続けられたのです。

この表で、孝徳天皇大化三年（六四七）に来朝したのが、何と官位五位の金春秋です。前述しましたが、国民の支持を得た英傑《えいけつ》で、六五四年には武烈王となる人物です。彼の来日について『日本書紀』には、高向博士黒麻呂を新羅に遣わして「任那の調」を停止する代わりに、翌年、人質として金春秋を同行させたとあります。新羅統一を目前にした六四七年といえば、国際的な地位も向上し、国力も増大していた時代です。『日本書紀』が記しているように、新羅が人質を出すということは信じられませんが、目的はそれだけではなく、対高句麗戦、対百済戦を前にして、倭国を懐柔する目的であった

新羅からの遣日本使の一覧

持統天皇	天武天皇		天智天皇	斉明天皇	孝徳天皇		皇極天皇	舒明天皇	推古天皇	敏達天皇
					白雉	大化				
687〜697	672〜686		662〜671	655〜661	650〜654	645〜649	642〜644	629〜641	593〜628	572〜585
元年 王子 ⑨⑫	7年 ○※	元年 ○	7年 ⑨	元年 ⑨※	元年 ○	元年 ○	元年 (祝)(弔)	10年 ○	6年 ○	3年 ○
3年 ⑨弔※	8年 ⑥⑧	2年 ⑤ ⑥祝 ⑪ ⑦弔 ⑩弔	8年 ⑧	2年 ○	2年 ⑧※	3年 ○		12年 ○	8年 ○	4年 ○
6年 ⑨	9年 ⑧⑩		10年 ⑧		3年 ○	3年 ⑤			18年 ⑪	8年 ⑪
7年 ⑧⑩	10年 ⑦⑩	4年 ⑨⑩ 王子 ⑪⑫			4年 ○	4年 ○			19年 ⑪	9年 ⑪※
9年 王子 ⑧⑩	12年 ⑧⑩	4年 ⑨⑩			5年 (弔)	5年 ⑧			24年 ⑪	
	14年 ④⑤	5年 ⑧⑨⑫							29年 ⑪	
		6年 ⑥※							31年 ⑪	
※無礼あり追い返される	※難破	※難破		※人質として来倭	※朝貢使、唐服着用のため追い返される					※無礼あり追い返される

新羅の京位（中央官の位）

①伊伐飡（角干）　②伊尺飡　③匝飡（伊飡）　④波珍飡　⑤大阿飡　⑥阿飡　⑦一吉飡　⑧沙飡（薩飡）　⑨級伐飡　⑩大奈麻（韓奈麻）　⑪奈麻　⑫大舎　⑬小舎（舎知）　⑭吉士　⑮大鳥　⑯小鳥　⑰造位

はずです。ところが、この一件に関しては、『三国史記』新羅本紀には記述がないことから、倭国への来朝を疑問視する意見が大勢を占めていますが、この時代約一二〇年間に四六回も数える新羅使の来朝は、『三国史記』新羅本紀には全く記載がありません。

それでもまだ『日本書紀』の記述を疑うのでしょうか。

任那研究書

最後に、戦後すっかり忘れられてしまった任那の研究は、古くは江戸時代、徳川光圀《みつくに》のもとで編纂《へんさん》された『大日本史』の中に「任那伝」があります。

この「任那伝」は、『日本書紀』の任那関連記事を編年で綴ったものです。時代としては、崇神天皇六十五年の任那国の朝貢から大化二年九月高向博士黒麻呂による「任那の調」の廃止にまでわたっています。

明治以降は、菅政友《かんまさとも》の「任那考」、那珂通世《なかみちよ》の「加羅考」、津田左右吉《そうきち》の「任那疆域《きょういき》考」、今西龍《いまにしりゅう》の「加羅疆域考」、池内宏《いけうちひろし》著『日本上代史の一研究―日鮮の交渉と日本書紀』（中央公論美術出版）などがありますが、現在、任那の歴史を総体的に取り上げた研究書としては、末松保和《すえまつやすかず》の『任那興亡史（古代の日本と朝鮮　末松保和朝鮮史著作集4）』（吉川弘文館）があります。

残念なことに、戦後の研究で任那史全体を通観した日本の学者のものはありません。唯一、金廷鶴《キムジョンハク》著『日本の歴史　別巻1「任那と日本」』（小学館）があるのみです。

おわりに

これまで筆者は三五〇—五五〇年にわたる倭国と朝鮮半島との関係についての考察を、『日本古代史正解　渡海編』（講談社）、『知っていますか、任那《みまな》日本府』（PHP研究所）などにまとめてきました。なかでも百済に関しては、史資料が比較的に多かったこと、倭国が実質上百済の宗主国を任じ、主導的に国内情勢にも関与してきたこと、そして百済人が倭国に大量に移入・定住して、文化的に貢献していることなどにより、多くのページを割いてきました。

特筆すべきは、倭国で生まれた第二十五代武寧王が、即位前から親交があった継体天皇に「人物画像鏡」（国宝、和歌山県隅田《すだ》八幡神社所蔵）を贈呈していることや、人質として倭国に送られた武寧王の息子である純（淳）陀太子の十代後《のち》の子孫が、桓武天皇の生母高《たか》野新笠《ののにいがさ》になっていることなど、百済と倭国の関係の深さが挙げられます。そのほかにも、第十七代阿莘《あしん》（阿花）王、第二十一代蓋鹵《がいろ》王、第二十四代東城王の擁立にも、倭国の天皇が関与しています。

これにくらべ高句麗の場合は、満洲国南部、鴨緑江沿いの北方の山地にあり、交流が断続的であったので、あまりページを割くことはなかったのですが、西暦四〇〇年前後の十五年間にわたり、お互いに数万の兵士を送り出しての交戦を繰り返しています。そのほか、我が国最初の寺、飛鳥寺の大仏建立に際し、高句麗から金三〇〇両が贈られたというエピソードを、『日本書紀』は伝えています。

それに引き替え、難しいのが新羅です。国としての交流は、高句麗、百済よりもはるかに長くなりますが、総じて良好な関係とはいえず、互いに暗中模索の状態の中、苦慮していたことが窺えます。しかし本書では、『三国史記』新羅本紀、列伝により、我国古代史上謎に包まれていた武内宿禰と神功皇后の存在を実証するまでに至りました。さらに、朝鮮半島で、唐の水軍と戦った白村江の現場を訪れ、地勢などを実際に目にすることによって、新たな発見、報告ができたことを嬉しく思っています。

最後に、新羅との間では任那諸国をめぐり、在留倭国人を交え一〇〇年以上にわたって小競《こぜ》り合いを続けてきましたが、これに関しては拙著『知っていますか、任那《みまな》日本府』に詳しく述べています。本書ではその概要を纏めた「任那日本府の実像」と題した、「別冊宝島　古代史15の新説」（宝島社）掲載の小文を転載しました。

我が国は、新羅との国交が絶えた後、高句麗の後継国と考えられる渤海国との交流を経ることになりましたが、渤海国滅亡後は明治維新に至るまで朝鮮半島との密接な交流は途絶えてしまいました。

本書出版にあたりＰＨＰエディターズ・グループの佐藤義行編集長と、白村江、周留城の現地調査へ行をともにして資料収集・原稿作成に携わった井川茂樹、西村みゆき各氏に心より感謝いたします。また、視力が衰えた筆者を、松村克史、海野哲寿、福本雅彦各氏らが支え、協力してくれたおかげで本書を完成させることができました。

最後に、この十数年間いつも叱咤激励し続けてくれる畏友小倉純二、齊田晴一、石橋雄三の三兄に、本書を捧げます。

二〇二三年十二月

大平　裕

参考文献

山田宗睦訳『原本現代訳　日本書紀　上中下』ニュートンプレス
倉野憲司校注『古事記』岩波文庫
金　富軾撰・井上秀雄他訳注『三国史記1』東洋文庫372　平凡社
金　富軾撰・井上秀雄他訳注『三国史記2』東洋文庫425　平凡社
金　富軾撰・井上秀雄・鄭　早苗訳注『三国史記4』東洋文庫492　平凡社
宝賀寿男『葛城氏―武内宿祢後裔の宗族』青垣出版
藤堂明保・竹田晃・影山輝國全訳注『倭国伝』講談社学術文庫
全　榮來『百済滅亡と古代日本』雄山閣
森　公章『天智天皇』吉川弘文館
大平　裕『日本古代史　正解』講談社

装幀——印牧真和
カバー写真——iStock.com/VDCM image

〈著者略歴〉

大平　裕（おおひら　ひろし）

1939年、東京都出身。慶應義塾大学法学部卒業。古河電気工業株式会社入社。同社海外事業部第一営業部長、監査役、常任監査役を経て2001年に退社。現在は、公益財団法人大平正芳記念財団の理事を務める。

著書に『日本古代史 正解』『日本古代史 正解 纒向時代編』『日本古代史 正解 渡海編』（以上、講談社）、『知っていますか、任那日本府』『天照大神は卑弥呼だった』『卑弥呼以前の倭国五〇〇年』『暦で読み解く古代天皇の謎』（以上、ＰＨＰ研究所）、『古代史「空白の百五十年間」の謎を解く』『「倭の五王」の謎を解く』（ともにＰＨＰエディターズ・グループ）などがある。

白村江

古代日本の朝鮮半島支配とその終焉

2024年1月15日　第1版第1刷発行

著　者　　大平　裕

発　行　　株式会社ＰＨＰエディターズ・グループ
〒135-0061　東京都江東区豊洲5-6-52
☎03-6204-2931
https://www.peg.co.jp/

印　刷
製　本　　シナノ印刷株式会社

ISBN978-4-910739-47-2